新知图书馆 第二辑

40个司法和法医科学实验

JUDICIAl AND FORENSIC

【美】阿维娃·埃布内 帕梅拉·沃克 伊莱恩·伍德/著

李哲 朱莉 马晶 张瑶/译

上海科学技术文献出版社
Shanghai Scientific and Technological Literature Press

图书在版编目（CIP）数据

　　40个司法和法医科学实验/（美）阿维娃·埃布内，（美）帕梅拉·沃克，（美）伊莱恩·伍德著；李哲等译. —上海：上海科学技术文献出版社，2019
　　ISBN 978-7-5439-7884-3

　　Ⅰ.①4… Ⅱ.①阿…②帕…③伊…④李… Ⅲ.①科学实验—初中—教学参考资料 Ⅳ.① G634.73

　　中国版本图书馆CIP数据核字（2019）第074861号

Facts on File Science Experiments: Forensic Science Experiments
Text and artwork copyright © 2010 by Infobase Publishing
Editor: Frank K. Darmstadt　　Copy Editor for A Good Thing, Inc.: Betsy Feist
Project Coordination: Aaron Richman　　Art Director: Howard Petlack
Production: Victoria Kessler　　Illustrations: Hadel Studios

Experiments for Future Scientists: FORENSIC SCIENCE EXPERIMENTS
Text and artwork copyright © 2011 by Infobase Learning

Copyright in the Chinese language translation (Simplified character rights only) ©
2019 Shanghai Scientific & Technological Literature Press

All Rights Reserved
版权所有，翻印必究

图字：09-2019-281

策划编辑：张　树
责任编辑：苏密娅　于学松
封面设计：许　菲

40个司法和法医科学实验
40GE SIFA HE FAYI KEXUE SHIYAN
[美]阿维娃·埃布内　帕梅拉·沃克　伊莱恩·伍德 著　李哲　朱莉　马晶　张瑶 译
出版发行：上海科学技术文献出版社
地　　址：上海市长乐路746号
邮政编码：200040
经　　销：全国新华书店
印　　刷：常熟市人民印刷有限公司
开　　本：720×1000　1/16
印　　张：14.75
字　　数：248 000
版　　次：2019年6月第1版　2019年6月第1次印刷
书　　号：ISBN 978-7-5439-7884-3
定　　价：48.00元
http://www.sstlp.com

序 言

当你听到"科学"这个词时,最先想到的是什么?是否和大多数人一样,想到陈列着各种各样玻璃器皿和许多精密仪器的实验室?想到总是身着白大褂,整日埋头于各种实验,满脸严肃的科学研究人员?虽然在许多地方这种对科学家的传统看法仍然是正确的,但是实验室却不是唯一存在科学的地方。在某个建筑工地、篮球场甚至是一场你喜爱的乐队的演奏会上,都可以发现科学。实际上,科学无处不在。我们在厨房里做饭时要用到科学;画画时要用到科学;建筑师设计建筑物时要用到科学;甚至解释为什么你最喜欢的棒球选手可以打一个本垒打也要用到科学。

几个世纪以来,人类不断地对周围世界进行探索和研究,从中获得的知识不断积累成科学。科学知识的代代传承通过一系列的教育活动得以实现。所有科学教育活动的一项基本目的就是培养年轻人具有批判性思维和解决问题的能力,而这些能力是受益终身的。

科学知识教育具有学术独特性,不仅要展现事实规律、传授技能,更要培养学生的好奇心和创造性。因此,科学是主动的过程,不可能完全用被动的教学方法实现上述目标。教育工作者时常面临"科学教育的最佳途径是什么"这样的难题。尽管尚无确切答案,但是教育界的一些研究成果还是为我们带来了有益的启示。

研究表明,学生必须积极主动地参与科学实践,通过切身体验学习科学知识。我们要鼓励人们摆脱和超越书本,敢于质疑,提出新奇的设想,进行大胆的预测和假设,自己设计实验内容和步骤,并能收集相关信息,记录实验数据,分析所发现的结果,利用各种资源来拓展知识。换言之,在学习科学的过程中,不能只用耳朵"听",还必须动手"做"。这也就是学科学的最佳方法——"做"科学。

所谓"做"科学就是进行科学实验。涉及科学的课程当中,实验部分发挥着多项教育功能。在很多情况下,需要实际操作的教学活动能有效地激发学生的兴趣,有助于新课题的导入。例如,我们介绍某一有争议的实验,会激发学生的探究欲望并解开现象背后的谜团。课堂上的调查研究活动也有助于学生温故知新。根据神经科学的理论,科学实验和其他学习实践活动有助于将新知识从短期记忆转化成长期记忆。以实践活动和实验为主的"做"科学不仅有助于学生掌握科学概念,而且有助于培养当今年轻人对科学的兴趣。

为此,我们策划了这套"新知图书馆"系列丛书,汇集了天文、地理、物理、化学、生物、海洋、机械、音乐、体育、艺术、建筑、环境等多个领域的科学内容,我们将通过实验验证这些学科内容在日常生活中的应用,通过简单的实验吸引学生兴趣,使之能够进行实践操作,实现我们所说的"做"科学。丛书每个分册围绕一到两个主题设计了20~40项实验,实验所用的材料大多都是生活中常见的物品。各类实验配有插图和图解,便于抓住学生注意力,直观地传递信息。所有实验都会综合调动学生进行科学探究的各方面技能,诸如观察、测量、归类、分析以及预测等。此外,某些实验要求学生通过自己设计并完成开放式实验项目,锻炼其探究科学的能力。

书中大多数的实验都是要求在教师和成年人的指导下,以小组的形式进行的,这其中的一个好处是学生们有机会通过社会交往途径进行学习,使得学生有了集思广益和相互学习的机会。神经科学的研究成果证明,小组学习是一种有效的学习手段,人脑是具有社会属性的器官,人际交流和相互协作能提高学习的效果。

"新知图书馆"系列丛书的目标是借助实验激发学生学习科学的兴趣,传授基本的科学概念,培养批判性思维能力。当学生完全沉浸在丰富的实验环境中,他们会经历许多惊喜并得到意外收获,体验到新旧知识融合以及豁然开朗的非凡乐趣。在这样的条件下,学习活动才真实生动而又效果持久。

我们希望当你们完成这些实验时,能对身边的世界有更好的了解。也许阅读这套书并不能使你们成为一流的运动员或数一数二的科学家,但是我们希望这些实验能够激发你们去发现日常生活中的科学,也能鼓励你们把我们的世界变得更加美好。

目 录

实验前必读 1

司 法 篇

简介 3
实验 1　研究和比对指纹 5
实验 2　提取指纹 9
实验 3　测试纺织品样本 13
实验 4　采用色层分析法鉴别色素 17
实验 5　土壤分析 22
实验 6　破译信息 26
实验 7　检验测谎术的准确性 29
实验 8　头发分析 34
实验 9　鉴别玻璃和塑料 39
实验 10　DNA 提取技术 43
实验 11　粉体分析 48
实验 12　人工合成尿液分析 52
实验 13　牙印模与鉴定 58
实验 14　金属的焰色反应 62
实验 15　笔迹分析 67

实验 16	鉴别其他印记	71
实验 17	测定人造血液的类型	76
实验 18	自制测谎仪	80
实验 19	法医体格学	84
实验 20	破解旧案	88

附录

　　实验环境的设置 ································· 91
　　我们的发现 ····································· 92

法医篇

简介		101
实验 1	对香蕉做尸体解剖	103
实验 2	几种碳水化合物的特性	109
实验 3	制作鞋印模型的技术	115
实验 4	利用放射性同位素判定年代	120
实验 5	线粒体基因	124
实验 6	利用胶体电泳技术进行DNA指纹鉴定	130
实验 7	类证据的证据力	136
实验 8	血滴溅落调查	142
实验 9	体液的比重	147
实验 10	土壤鉴别	152
实验 11	玻璃的密度	158
实验 12	通过发射光谱鉴别化学元素	162
实验 13	潜在指纹呈现技术的比较	167
实验 14	色谱分析法的最佳溶剂	172
实验 15	通过演绎推理揭示犯罪真相	176
实验 16	两种血液推定测试的比较	184
实验 17	餐具所导致的铅中毒	189

实验 18	微量物证——闪粉	194
实验 19	冷却的速度	199
实验 20	纺织纤维的横断面	204

附录
  实验环境的设置 …… 209
  我们的发现 …… 210

实验前必读

在开始任何实验前仔细阅读

每项实验都包括与具体主题相关的特别安全提示。这些提示不包括那些在做其他任何科学实验时都必须注意的基本规则。因此,你必须仔细阅读下面的安全准则,并时刻牢记在心。

科学实验很容易有危险,规范的实验步骤应该包括细致的安全守则。在实验过程中随时会有意外发生,例如,材料可能会溢出、破碎,甚至着火。发生危险时你甚至来不及自我保护。在整个实验过程中,不论是否会对你造成危险,你都要严格遵守下面的安全提示,时刻警惕意外危险发生。

对每个独立的实验我们都设计了比较保守的安全预防措施。所以,我们希望你能认真对待本书中的所有安全提示。正是因为非常危险,因此你应该明确看到了这些提示。

因为时刻记住所有的规则并不容易,所以在开始每一项实验之前和准备每一项实验时都要重新阅读这些规则,这样你就会在实验的每一个危险关头注意保持安全。此外,在做那些会发生潜在危险的步骤时,你要运用自己的判断力,时刻保持警惕。虽然书中并没有提到"小心热的液体"或"不要用刀划破你的手指",但并不表示你在烧水或在塑料瓶上打洞时可以疏忽大意。书中的安全提示只是一些特别的提醒。

安全准则

粗心、仓促、缺乏知识或不必要的冒险都会引发事故，采取安全的步骤和在整个实验过程中都保持警惕可以避免上述危险。一定要阅读书中每项具体实验后附加的安全提示和遵从需要成人监督的要求。如果你是在实验室里做实验，记住不要一个人操作。如果不是在实验室里做实验，要至少3个同学一组，并严格遵守学校和各地的法律对监督人员数量的要求。请求具有急救知识的成人监护员看护，并准备好急救包。确保在实验过程中人人都知道急救员的位置。

准 备

- 在实验之前清理桌面，保持干净。
- 开始实验之前，阅读整个实验说明。
- 了解实验中的危险和可预料的危险。

自我保护

- 有步骤地遵守实验说明。
- 每次只做一个实验。
- 确定安全出口、灭火毯和灭火器的位置，关闭燃气和电源开关，准备好洗眼水和急救包。
- 确保充分通风。
- 不要喧闹嬉戏。
- 不要穿露脚趾的鞋。
- 保证地板和工作间干净、整洁、干燥。
- 立即清除溢出物。
- 如果玻璃器皿破裂，不要自己打扫，请求教师帮助。
- 把长头发束到脑后。
- 不要在实验室或工作间里吃东西、喝饮料或吸烟。
- 除非有知识丰富的成人明确告知，否则不要食用任何实验用的材料。

小心使用器材

- 不要把仪器竖立在桌子边缘。
- 小心使用刀子或其他尖锐的仪器。
- 拔电源插头,而不是拔电线。
- 使用前后都要清洗玻璃器皿。
- 检查玻璃器皿的擦痕、裂痕和尖锐边缘。
- 玻璃器皿破碎了要立即通知老师。
- 不要让反射光照射你的显微镜。
- 不要触摸金属导体。
- 小心用电。
- 使用酒精温度计,而不是水银温度计。

使用化学品

- 不要品尝或吸入化学品。
- 在盛有化学品的瓶子和仪器上贴好标签。
- 仔细阅读标签。
- 避免化学品接触皮肤和眼睛(戴安全镜或护目镜、实验用围裙和手套)。
- 不要触摸化学溶液。
- 使用溶液前后要洗手。
- 彻底清除溢出物。

加热物质

- 在加热材料时戴安全镜或护目镜、围裙和手套。
- 使你的脸远离试管或烧杯。
- 当在试管里加热物质时,避免把试管的顶端对着其他人。
- 使用耐热玻璃制成的试管、烧杯和其他玻璃器皿。
- 不要使仪器处于无人看管状态。

- 使用安全钳和耐热手套。
- 如果你的实验室没有耐热工作台，把本生灯放在耐热垫上之后再点燃。
- 点燃本生灯时要注意安全；点燃本生灯时保持通气孔关闭，使用本生灯专用打火机而不用火柴。
- 使用电炉、本生灯和燃用气体完毕后立即关闭。
- 使易燃物远离火焰或其他热源。
- 手边准备一个灭火器。

实验结束

- 彻底清理你的工作场所和任何使用过的玻璃器皿。
- 洗手。
- 小心不要把化学品或污染了的试剂放入错误的容器。
- 不要在水槽里处理材料，除非要求这样做。
- 清理所有的残留物，把它们放到正确的容器里进行处理。
- 按照各地法律规定处理化学品。

随时保持安全意识！

司法篇

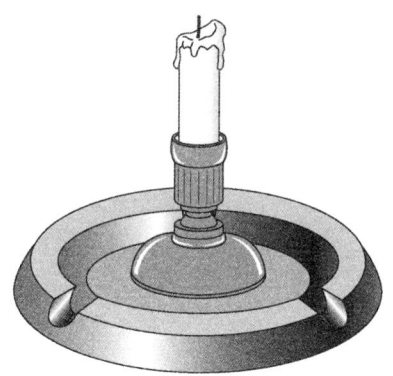

简 介

　　调查人员戴着手套在可怕的犯罪现场仔仔细细地搜查着,小心地捡起每一样证据。他们不放过任何疑点细心拍照,以期这些照片能复原当时的景象,他们的工作就是要让罪犯落入法网。

　　司法人员的工作什么样?真是像上面写的那样进行着,还是和电视连续剧《法医神探》(CSI)的演出一样?答案是两者兼而有之,因为那部电视连续剧就是取材于司法工作者的真实工作并力图引起人们对司法工作的兴趣。然而今天的学生们太过重视读写能力和数学知识的学习,自然科学的学习已经变成了冷板凳。有感于目前从事科学研究工作的年轻人越来越少,如何从小就吸引孩子们对自然科学不同学科的兴趣已经是一个迫切需要解决的问题。尤其对女性而言更是如此,因为科学领域中的女性简直是凤毛麟角。

　　司法科学是一门日渐成长的学科。点燃学生们用科技抓住罪犯的兴趣和热情也许是让他们为将来从事这一工作做好准备的方法。新的研究过程的出现使司法科学日新月异,而那些老的方法也日渐完善。让学生们通过亲身体验司法科学实验而了解这一领域的基本知识,能让他们朝正确的方向迈出脚印,特别是当他们打算在这一领域做进一步的学习和研究时。

　　本篇将多种司法科学实验集合在一起,力图为读者提供较为全面的科学研究方法,以利于他们在今后的调查中使用。每个实验开始前都有简介。在"研究和比对指纹"实验中,学生们将学习指纹的鉴别方法,包括指纹的脊突和纹路特点;在"提取指纹"实验中,他们又会进一步学习如何用随手可得的材料从隐约指纹中提取出清晰的指纹。除了研究指纹外,学生们还会学习对其他物证的分析;在"测试纺织品样本"实验中,学生们学习如何鉴别在犯罪现场提取的纺织物样本；在"采用色层分析法鉴别色素"实验中，学生们学习如何靠对树叶色素的分析来锁定疑犯；"土壤分析"讲述了如何对土壤特点进行检测；"头发分析"则是关于如何从一根头发推测疑犯的大致情况；"粉体分析"则是关于对非法粉体鉴定的实验；"人工合成尿液分析"讲述了尿样分析的技术。通过"鉴别其他印记"实验，学生们将了解多种判断疑犯特征的方法，如对其鞋印和唇印的分析。还有许多实验会让学生接触到更多的科学发现，如"DNA 提取技术"让学生学习如何提取 DNA，而"破解旧案"将使学生如同电视连续剧《识骨寻踪》(Bones)中的角色一样利用法医体格学将以前学到的知识用于研究古代冰人的命运。不管是"笔迹分析"还是"自制测谎仪"实验，其目的都是希望学生们通过亲自动手来满足其好奇心并引领将来的学习。

实验1　研究和比对指纹

简　介

人们总是认为指纹只是最近才被人注意到的东西,其实不然。包括中国在内的许多国家从古代开始就用指纹来确定身份。后来,意大利的内科医生马塞洛·马尔比基(Marcello Malpighi,1628—1694)和捷克生理学家杨·伊万杰利斯塔·浦肯野(Jan Evangelista Purkyne,1787—1869)注意到指纹的脊线和纹理。英国天文学家威廉·赫歇尔(William Herschel,1833—1913)爵士是最早通过指纹来预防和阻止伪造的人。另外一位英国科学家弗朗西斯·高尔顿(Francis Galton,1822—1911)爵士注意到每个人的指纹都是独一无二的。曾经担任过检察长后来成为伦敦苏格兰场负责人的埃德华·亨利(Edward Henry,1850—1931)爵士创立了一套用以起诉案犯的指纹分类系统。今天,作为法医学研究的基础,人们把对指纹的研究称为指纹鉴定。

每个人的指纹都与众不同,即使是双胞胎的指纹也完全不同。你曾用手指碰触过的每件东西都会留下你的指纹。这些指纹可能显而易见,也可能若隐若现。在本实验中,你将从一些常用的家居物品上提取指纹并比较其中的不同。

实验时间

45—60分钟

实验材料

- 3个玻璃杯
- 3个深色的表面光滑的家居物品(如黑色咖啡杯)
- 手表
- 铅笔
- 3张白色空白的索引卡
- 2个小刷子
- 1/4杯(31克)的滑石粉
- 1/4杯(82克)的咖啡粉
- 透明胶带
- 剪刀
- 天平(公制单位)
- 2名助手

安全提示

请仔细阅读并遵守本书"实验前必读"中的"安全准则"。

实验步骤

1. 让一名助手握住一个玻璃杯,要求是必须握住杯子30秒并且不要移动手指(图1)。

2. 你和另一名助手重复步骤1。

3. 在3张索引卡上分别写上助手和你的名字。

4. 用小刷子将咖啡粉刷在杯子上直到杯子上出现指纹。

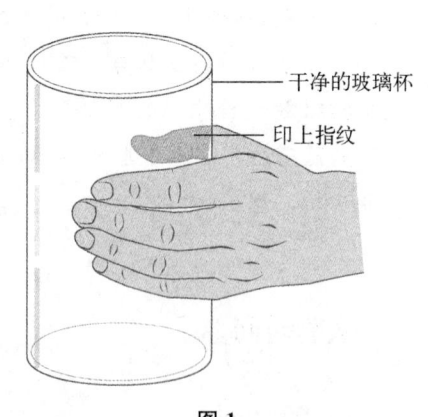

图1

5. 将一段透明胶带覆盖在第一个杯子上(图2)并用剪刀将其剪断。

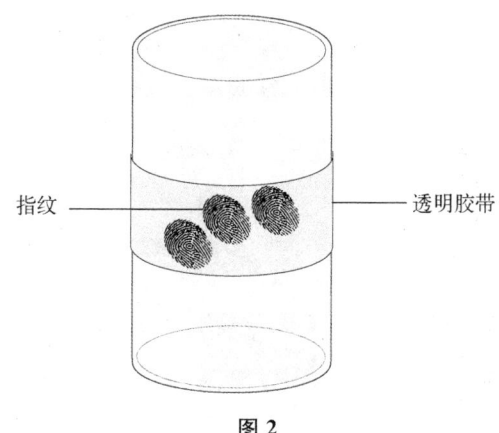

图 2

6. 将印有指纹的胶带从杯子上小心地移开,并将其粘在写有该人名字的索引卡上(图3)。

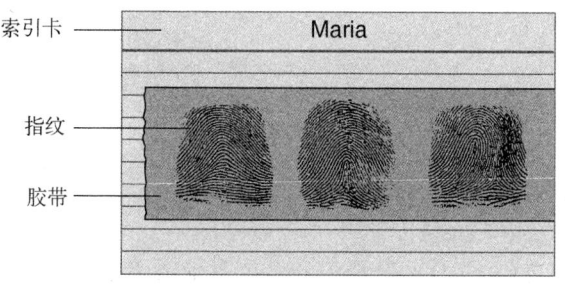

图 3

7. 对另外两只杯子重复步骤4—6。

8. 用黑色咖啡杯和滑石粉重复步骤1—7。

9. 利用(图4)对指纹的描述来研究你所得到的指纹。

10. 将观察结果记录在数据表中。

数 据 表

人物	弓形纹	帐形纹	右箕形纹	斗形纹	双箕形纹	帐形纹	环形斗纹	混合形纹

实验1 研究和比对指纹

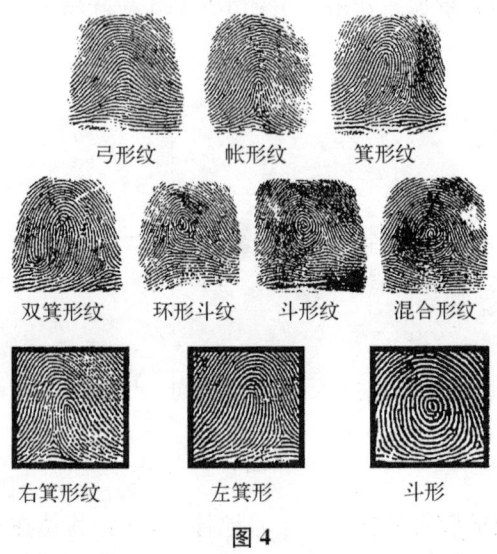

弓形纹　帐形纹　箕形纹

双箕形纹　环形斗纹　斗形纹　混合形纹

右箕形纹　左箕形　斗形

图 4

实验观察

1. 不同人的指纹之间是否存在明显差异?
2. 每个人指纹的最明显之处是什么?
3. 为什么指纹是侦破案件的最有价值的线索之一?
4. 除了指纹之外,为什么法医们还需要其他线索来侦破案件?

我们的发现

请参见本书附录中"我们的发现"。

实验2 提取指纹

简 介

指纹的组成成分包括细小的汗珠和其他微量化学元素，包括氯化物、氨基酸、尿素、氨和皮脂。通常人们用肉眼是看不到指纹的，必须借助于小刷子和某种粉剂才能使指纹呈现出来。虽然提取指纹的工具可以随处购买，但大多还只是小刷子和粉剂。不过，由于有些东西可以将粉剂吸收，因此单凭粉剂有时也无法成功地将指纹呈现出来。这时法医就要用其他方法来取隐约指纹。事实上，除了使用刷子和粉剂外，法医们还会用到其他方法来提取指纹，比如激光、金属蒸镀、硝酸银、茚三酮反应、碘蒸汽、氰基丙烯酸盐烟熏法、细菌以及放射自显影技术。

司法机关在侦破案件以及对疑犯提起诉讼的过程中，指纹是非常关键的证据。清晰的指纹是证明疑犯曾在犯罪现场出现过的最有力的证据。由于每个人的指纹都是独一无二的，因此如果疑犯的指纹与在犯罪现场提取的指纹相吻合的话，那么这将是对罪犯定罪的最有力的证据之一。在本实验中，你将对自己留在物体上的指纹用两种不同的方法加以提取。

实验时间

90分钟

实验材料

- 铝制平锅
- 带盖的玻璃罐
- 圆珠笔
- 万能胶
- 1张滤纸
- 纸夹
- 少量碘晶体(可在实验用品商店购买)
- 15厘米长的绳子
- 剪刀
- 软布
- 时钟

安全提示

使用化学物质时请佩戴防护眼镜。请仔细阅读并遵守本书"实验前必读"中的"安全准则"。

实验步骤

1. 用布将圆珠笔擦拭干净,保证圆珠笔上不留下任何指纹,将布放在一边(图1)。
2. 用拇指和食指握住圆珠笔大约1分钟。注意不要移动手指。
3. 把笔放入玻璃罐中。
4. 在平底锅中滴入几滴万能胶。
5. 把玻璃罐小心地倒过来使玻璃罐口盖在万能胶上,注意不要让笔掉出来(图2)。
6. 30分钟后进行观察。

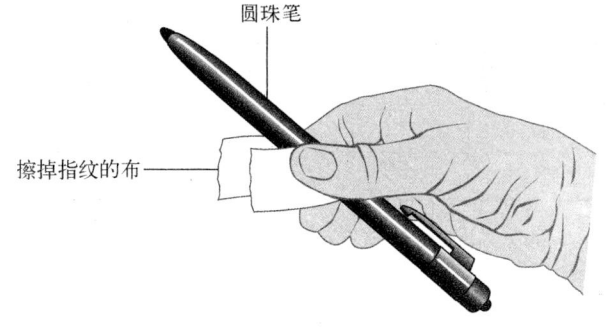

图 1

7. 将观察结果记录在数据表中。
8. 剪一小段滤纸,大小刚好放入罐口内。
9. 用手指捏住滤纸 1 分钟左右。
10. 将绳子系在滤纸上。
11. 用纸夹将滤纸夹住,注意不要碰到刚刚手指碰过的地方(图 3)。
12. 将笔取出。
13. 把罐子转过来口朝上,放入几滴碘晶体。
14. 把滤纸放入罐内,并盖上盖子,注意把绳头留在罐外以保证滤纸悬在罐内(图 4)。

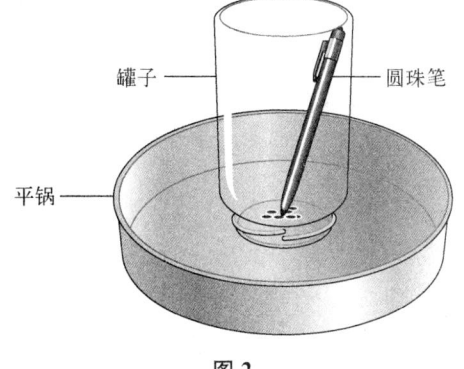

图 2

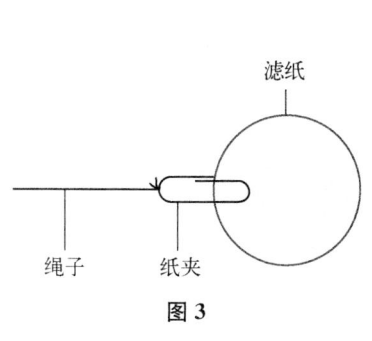

图 3

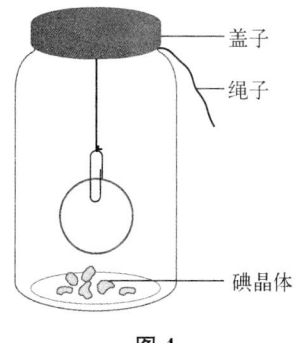

图 4

15. 10—15 分钟后检查滤纸。
16. 将观察结果记录在数据表内。

实验 2 提取指纹

数 据 表

接触时间	指纹在圆珠笔上出现	指纹在滤纸上出现
接触显影剂之前		
接触显影剂之后		

实验观察

1. 用万能胶烟熏法之前,你在圆珠笔上的清晰的指纹上看到了什么？之后呢？
2. 在用碘熏法之前你在滤纸上的清晰的指纹上看到了什么？之后呢？
3. 提取指纹对法医有什么帮助？
4. 尝试提取指纹的不同方法并且判断哪种方法在法律实施过程中最为有用。

我们的发现

请参见本书附录中"我们的发现"。

实验 3　测试纺织品样本

简　介

　　司法人员和法医们经常要对在犯罪现场和尸体上或尸体周围发现的纺织品样本进行检验,其目的是为了证明这些样品是否与疑犯的衣物相吻合,以便于案件的侦破和审判。不同的织物具有不同的织法、光泽等特点。在对其进行检测的过程中,最简单的方法就是测试其可燃性。燃烧实验可以被用来判断一种织物是天然的还是人工合成的,或是二者兼而有之。天然织物包括棉、麻、丝绸和羊毛。作为植物纤维的棉能稳定地燃烧并且其灰烬也较易粉碎;同样是植物纤维,在点燃麻制品时要花较长的时间;丝绸和羊毛都是蛋白质纤维,丝绸燃烧时发出的气味与头发燃烧时的气味相同,而羊毛则不易点燃。人造织物包括醋酸纤维、腈纶、尼龙、伸缩尼龙和人造丝。酸酸纤维点燃后不易熄灭,腈纶较易点燃,尼龙能够熔化,伸缩尼龙熔化并且燃烧。人造丝燃烧快,并且留下的灰烬非常少。
　　在本实验中,你将通过燃烧不同的织物样本来研究织物间的区别并将结果记录在可燃性数据表中。

实验时间

　　1 小时

实验材料

- 取棉、麻、羊毛、醋酸纤维、丝绸、伸缩尼龙的样本各2块,大小为6平方厘米并分为两组
- 透明胶带
- 笔记本
- 蜡烛
- 结实的矮烛台
- 一包火柴
- 扁嘴钳
- 大烟灰缸
- 水碗

安全提示

建议在成年人监督下进行这项实验。使用燃烧的物体和火柴要小心。请仔细阅读并遵守本书"实验前必读"中的"安全准则"。

实验步骤

1. 用胶带将每种样本都粘在笔记本上,一页一种,并标明该样本的种类(图1)。
2. 把烛台放在大烟灰缸内并插上蜡烛(图2)。
3. 点燃蜡烛。
4. 从两组样本中抽取一组进行实验,用扁嘴钳夹住样本边缘并使其靠近蜡烛火焰(图3)。
5. 观察织物的反应变化。
6. 将织物在火焰上来回移动。
7. 观察织物的反应变化。
8. 如果织物被点燃后无法将其熄灭可以将其小心地放入水碗内。

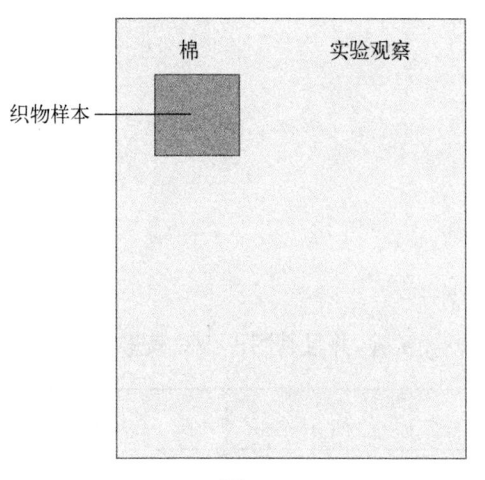

图 1

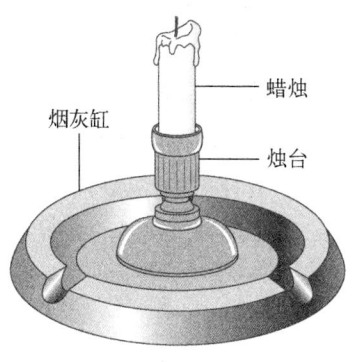

图 2

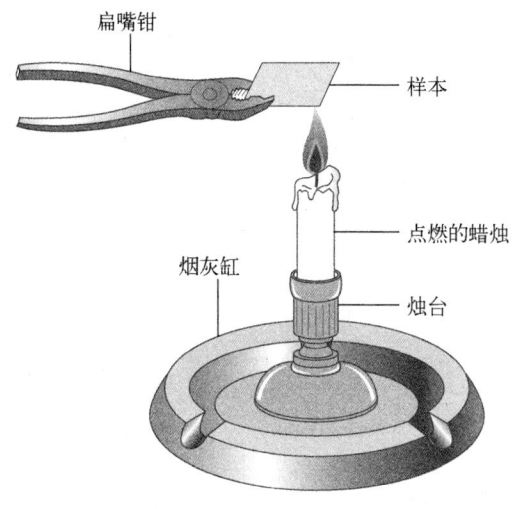

图 3

9. 重复步骤 4—8。

10. 在笔记本上记录你对每种织物的反应变化的观察结果,同时将其与另一组相对应的样本做对比。

　① 织物是燃烧还是熔化?

　② 织物遇火后是否收缩?

　③ 织物燃烧时气味如何?

　④ 织物燃烧后的剩余物是什么?

⑤ 其他观察结果

实验观察

1. 哪种织物燃烧得最快?
2. 哪种织物熔化?
3. 各种织物燃烧后的残渣有何不同?
4. 取一种不知名的纺织物样本进行燃烧实验,并且利用下表对其进行鉴别。

织 物	焰 色	气 味	灰 烬	评 论
羊 毛	橙色,发出噼啪声	与燃烧的头发或羽毛相同	黑色,碾压后变成粉体	离开火源后自行熄灭,不冒烟
丝 绸	燃烧慢	与燃烧的头发或羽毛相同	灰色	碾压后变成粉体,离开火源后自行熄灭,比羊毛燃烧慢
棉	黄色或橙色,燃烧均匀	与燃烧的纸或树叶相同	灰色,较柔软	缓慢燃烧后留下灰烬
麻	黄色或橘黄色,燃烧均匀	与燃烧的纸或树叶相同	与棉相同	比棉不易点燃,但其他方面相同
人造丝	大的橙色火焰	与燃烧的纸或树叶相同	没有灰烬	离开火源后还能缓慢燃烧
伸缩尼龙	橙色,发出噼啪声	甜味或水果味	黑色小亮珠子	冒黑烟
醋酸纤维	燃烧并熔化,发出嘶嘶声	酸味或醋味	黑色小珠子	离开火源后还能缓慢燃烧
尼龙	缓慢燃烧并熔化,火焰底部为蓝色,顶部为橙色,不冒烟	芹菜味	黑色或灰色小珠子	离开火源后自行熄灭
腈纶	燃烧并熔化,火焰顶部为浅黄色,不冒烟	酸味	黑色的硬粒	离开火源后还能燃烧

我们的发现

请参见本书附录中"我们的发现"。

实验 4　采用色层分析法鉴别色素

简　介

为了确定疑犯或是证明某份文件材料的真实性，司法人员常常会对一些文件进行分析研究。他们不仅要检查文件的纸质和笔迹，同时还要对墨水进行分析。对墨水进行色层分析是鉴别墨水色素的一种典型而简单的方法，有助于判断墨水的来源。

色层分析法的另一种应用是对树叶进行色层分析。司法人员将来自不同树叶样本的色素进行分离后，可以判断该色素来自哪种植物。这种方法常常用来判断案件中的尸体是否曾经被移动过或是判断疑犯与犯罪现场之间是否存在着联系。

在本实验中，你将用色层分析法对墨水和树叶进行分析。

实验时间

3 小时

实验材料

- 剪刀
- 2—4 张咖啡滤纸

- 4 支不同颜色的水溶性记号笔或钢笔
- 4 个塑料杯
- 足够的水以便在每个杯子里倒入 2.5 厘米高的水
- 4 种不同树木的树叶
- 4 个带盖子的婴儿食品罐
- 消毒用酒精(足够盖住每个罐子的树叶)
- 浅盘
- 热水
- 时钟
- 直尺
- 黑色的铅笔或碳素笔

安全提示

请仔细阅读并遵守本书"实验前必读"中的"安全准则"。

实验步骤

1. 将咖啡滤纸剪成 2.5 厘米宽的纸条(图1)。
2. 用不同颜色的笔在距离纸条底边约 5 厘米的地方画线(图2)。

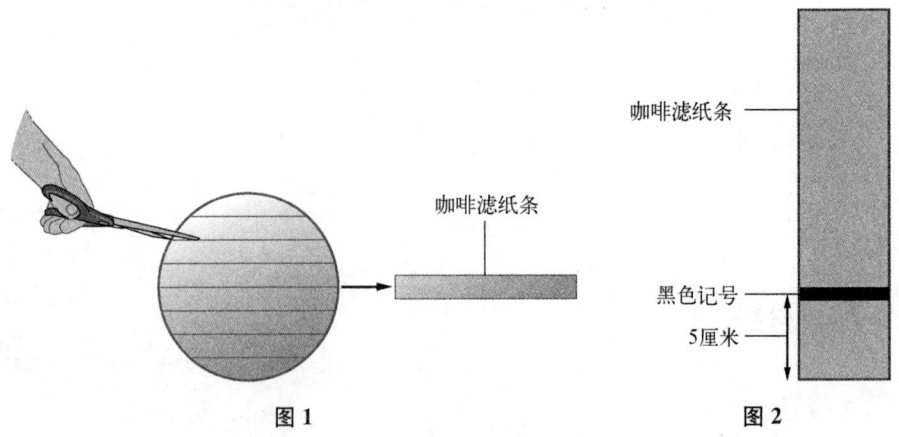

图1　　　　　　　　　　图2

3. 在 4 个杯子中加入 2.5 厘米高的水。

4. 将纸条放入杯中,画线处距水面 2.5 厘米。纸条另一端可以搭在杯边上(图 3)。

5. 让纸条吸收杯中的水分,时间为 10 分钟。

6. 观察纸条上画的线。

7. 在数据表 1 中记录你的观察结果。

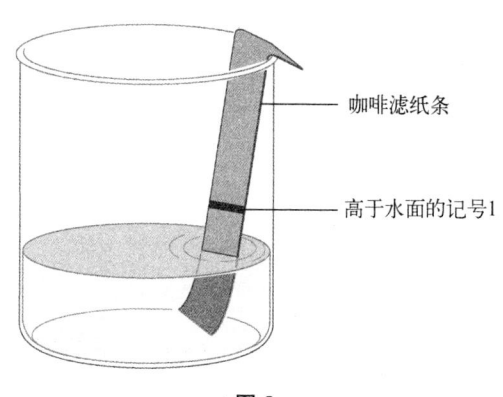

图 3

8. 把一个树叶样本尽可能地切碎,越碎越好。

9. 把切碎的树叶放入罐子里。

10. 罐中倒入足够的消毒用酒精,淹没树叶。

11. 用其他 3 种树叶样本和罐子重复步骤 8—10。

12. 在浅盘中加入 2.5 厘米高的热水。

13. 把 4 个罐子放入热水中,并用盖子轻轻地盖住罐子(图 4)。

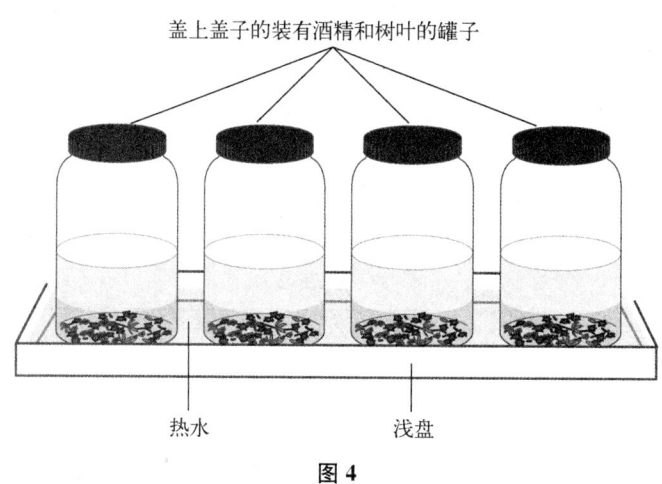

图 4

14. 将罐子静置在水中 30 分钟,每隔 5 分钟就分别摇动一次罐子。

15. 将罐子从水中取出。

16. 将盖子从罐子上取下。

17. 将滤纸的一端放入罐中并浸入消毒酒精和树叶中,另一端挂在罐子口上(图5)。

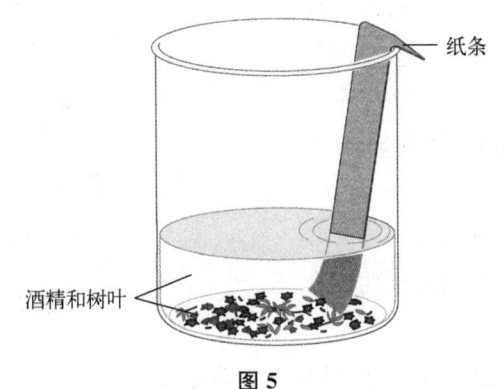

图 5

18. 让滤纸在罐中静置60分钟。
19. 观察滤纸变化。
20. 将观察结果记录在数据表2之中。

数 据 表 1

黑色钢笔	观察到的颜色	颜色草图
1		
2		
3		
4		

数 据 表 2

树 叶	观察到的颜色	颜色草图
1		
2		
3		
4		

实验观察

1. 采用色层分析法分析不同颜色的笔画出的线的结果是否一样？为什么？
2. 该实验对法医们有何帮助？
3. 每种树叶产生的颜色和结果是否一样？为什么？
4. 司法人员如何利用树叶检测进行侦查破案工作的？

我们的发现

请参见本书附录中"我们的发现"。

实验 5　土壤分析

简介

　　土壤是无机物、有机物、微生物、空气和水的混合物,通过堆积和风化作用而形成。组成土壤的颗粒有很多,但主要是沙子、淤泥和黏土。来自不同地区和土壤类型的土壤样本是不同的,并且有些土壤同其他土壤相比也较为肥沃。这些肥沃的土壤富含氮、钾、磷等营养物质。此外,土壤中还含有铜、铁、硫和其他一些微量元素以及有机物。通常,这些肥沃土壤的pH值在6.0—6.8之间。

　　通过对土壤样本的检测,科学家们能够得知该土壤的来源。尽管土壤分析通常被用在农业和园林当中,以改善植物和农作物种植的土质,但它在侦破某些案件中也有很大的用处。比如,通过比对来自犯罪现场和疑犯鞋子上的土壤样本就可以帮助抓住案犯。在本实验中,你将学习如何分析土壤样本。

实验时间

90分钟

实验材料

● 带刻度的量杯

- 塑料袋，能够包住量杯顶部
- 橡皮筋
- 1张报纸
- 用来测量土壤pH值和养分的测试工具（可以在实验用品商店或是农林用品店买到）
- 38毫升或40克的土壤样本，可以从30—40毫升的水中提取
- 以盎司或克为单位的天平

安全提示

请仔细阅读并遵守本书"实验前必读"中的"安全准则"。

实验步骤

1. 将土倒在报纸上。
2. 把较大的土壤颗粒弄碎，取出土壤中的树叶和石块。
3. 让土壤充分晾干。
4. 在量杯中加入20毫升或42克的土。
5. 在量杯中缓慢倒入水直到量杯内的物质体积达到40毫升（图1）。
6. 用塑料袋将量杯的口包住。
7. 用橡皮筋将塑料袋固定以确保不会有水从量杯中流出（图2）。
8. 将量杯倒置几分钟以便土壤和水充分混合。
9. 将量杯静置30分钟以便物质沉淀。
10. 30分钟后观察结果。
11. 在数据表1中记录混合物中的沙子、淤泥、黏土和腐殖质的体积。沙子位于底部，淤泥在中层，黏土位于顶部（图3）。如果含有腐殖质，腐殖质浮在黏土层上面。

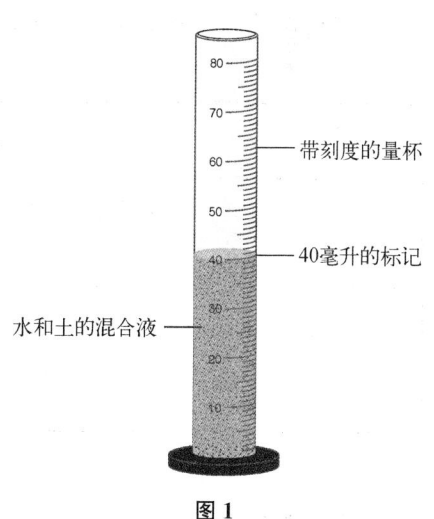

图1

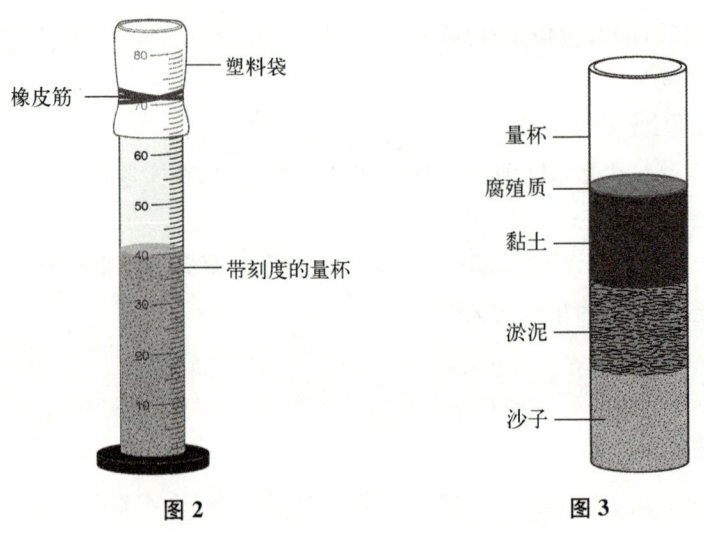

图2　　　　　　　　图3

12. 计算每种物质所占的百分比,方法是用每种物质的体积除以总体积。

13. 根据土壤测试工具的说明,对报纸上剩余的土壤进行pH值和养分测试(氮、钾和磷)。

14. 将结果记录在数据表2之中。

数 据 表 1

沙子体积	淤泥体积	黏土体积	总体积	沙子的百分比	淤泥的百分比	黏土的百分比

数 据 表 2

土壤的pH值(强碱、中性或弱碱)和养分	
pH值	
氮	
钾	
磷	

实验观察

1. 土壤样本的组成成分有哪些?

2. 土壤样本的 pH 值是多少？

3. 为什么 pH 值对土壤的肥沃程度至关重要？

4. 土壤样本中的氮、钾、磷含量如何？

5. 植物为什么需要这些养分？

6. 你认为土壤样本的肥沃程度如何？

我们的发现

请参见本书附录中"我们的发现"。

实验 6　破译信息

简　介

　　犯罪分子和恐怖分子之间的联系使得司法人员有机会追踪他们或是事先了解他们的计划。有些连环杀手常常会用一些进行过编码的信息来迷惑司法人员。专家们不遗余力地对这些信息进行破解，目的就是为了能够阻止更多谋杀案的发生并将凶手绳之以法。其中一个例子是20世纪60年代发生在美国北卡罗来纳州的十二宫杀手案。凶手将用密码编写的信件寄给警察，其中有些密码至今还无人能解，而这个杀手也因此一直逍遥法外。美国国土安全局的官员们常常对那些利用密码进行联系的恐怖嫌疑人进行监视，因此执法机关迫切需要密码破译专家们来帮助预防恐怖袭击的发生。

　　密码在军队中也常常使用。破译了敌人的密码就意味着对即将到来的军事进攻有所准备。在第二次世界大战期间，美国军队利用印第安人的纳瓦霍语创造了一种不可破译的密码。该密码将纳瓦霍语译成英语单词后的第一个字母作为密码，因此只要将每个单词的第一个字母串联起来就是他们想要传递的信息。

　　在本实验中，你和你的同伴将破译一段信息，同时还要自创一套密码。

实验时间

1—2 小时

实验材料

- 2 支铅笔
- 几张带横线的纸
- 同伴

安全提示

请仔细阅读并遵守本书"实验前必读"中的"安全准则"。

实验步骤

1. 破译下面的军事信息,并猜出(图1)中所使用的密码。

ESVNE HSISP ELAEV OTDYA

图 1

2. 破译密码后自创一套密码让同伴破解。如果你未能破译图 1 中的密码,那么就先看图 2 中的排列顺序。也就是说,图 1 中的单词均由 5 个字母组成,第 1 和第 2 个字母的位置进行了调换,第 4 和第 5 个字母也是如此,只有第 3 个字母的位置不变,如 IEGTH＝EIGHT。

1/2, 3, 4/5

图 2

3. 利用(图3)破解下面的信息。

7,19,18,8　24,12,23,22　4,26,8　22,26,8,2　7,12　8,12,15,5,22

z = 1, y = 2, x = 3, w = 4, v = 5, u = 6, t = 7,
s = 8, r = 9, q = 10, p = 11, o = 12, n = 13,
m = 14, l = 15, k = 16, j = 17, i = 18, h = 19,
g = 20, f = 21, e = 22, d = 23, c = 24,
b = 25, a = 26

图 3

4. 自创一套密码和密钥，你的同伴也要这样做。

5. 利用你自创的密码写一则信息，你的同伴也要这样做。

6. 和你的同伴彼此交换信息并互相破译。

实验观察

1. 你能独自破译第一组密码吗？它说了什么？
2. 你能独自破译第二组密码吗？它说了什么？
3. 你能破解同伴的密码吗？他能破解你的密码吗？
4. 尝试其他更难破解的密码。

我们的发现

请参见本书附录中"我们的发现"。

实验 7　检验测谎术的准确性

简　介

司法人员在办案过程中会从目击者和受害人那里收集多种证词和报告,同时还会审问嫌疑犯。在审讯过程中,司法人员必须严密注视受试者的动作,毕竟,不是人人都愿意接受测谎实验的,而且测试结果在法庭上也不被认可。因此司法人员必须能够在一次审讯过程中找到有价值的线索,证明嫌犯在撒谎或是隐瞒信息。

虽然谎言研究是一门科学,但是有些表情、肢体动作和声调等线索即便是未经训练的普通人也能捕捉得到。这些知识虽不会让你成为测谎专家,但却能让你注意到这些线索的意义。

人们在说谎时身体常常显得很僵硬,手和胳膊几乎不动,而在讲真话时,他们往往会配合有手臂的动作。

说谎者会避免与其他人的眼神接触并且会用手在脸上摸来摸去,他们不太可能用手拍打胸部,因为这个动作代表的是绝对真诚。另外,说谎者的情绪反应较慢,而且会在保持这种反应后又突然将其结束。同时他们的肢体动作与言辞也不匹配。比如某人打开门时可能会惊叹道"见到你真是太好了",可他们的眉头却皱到了一起。相对整个面部而言,说谎者在说谎时只有嘴在动,并且会将身体或头部远离对方,或是在自己

图 1　讲话时手和胳膊的动作

图2 表达高兴的表情却皱着眉

与对方之间放上些东西。

说谎者通常不会使用缩合形式,他们会说"I did not do it."而不是"I didn't do it."他们会重复对方的谈话或是不直接回答提问。转移话题会使说谎者顿感放松,而说真话的人则不明白为什么要转移话题。惯常用右手的人在编造谎言时会注视对方的左侧,而如果他记起了某件事,则会注视对方的右侧,这表明他在说真话;而左撇子的做法刚好相反。

不过,需要指出的是,我们不能仅仅因为一个人表现出了一种或几种上述行为就判定这个人在说谎。

图3 说谎时将头扭向一边

图4 眼睛左顾右盼说明该人在说谎或是记起了发生过的事情

在本实验中,你将和几个同伴进行面谈以便检验你是否能看出他们在说谎。

实验时间

1—2小时

实验材料

- 钢笔
- 空白索引卡
- 3 名同伴

安全提示

本实验所提供的方法不能保证绝对可靠。请仔细阅读并遵守本书"实验前必读"中的"安全准则"。

实验步骤

1. 复制 3 份数据表。
2. 每次只与一名同伴面谈,先请他对你的前 4 个问题必须如实回答,以便你将其作为诚实的基准行为和可能的谎言进行对比。
3. 向第一名同伴提出下面 4 个问题:
① 你叫什么名字?
② 你多大了?
③ 你在哪儿出生?
④ 这张卡片是白色的吗?
4. 仔细观察对方的回答。
5. 将观察结果记录在数据表中。
6. 请同伴在回答下面 2 个问题时说谎:
① 你的头发是什么颜色的?
② 说说你最喜欢的动物。
7. 仔细观察对方回答。
8. 将观察结果记录在数据表中。
9. 告诉同伴对下面 6 个问题,他可以如实回答也可以说谎:

实验 7　检验测谎术的准确性

① 你是否曾经考试作弊？
② 你上次度假去了哪里？
③ 说说你的度假之地？
④ 你上次读的书是什么？
⑤ 说说你在哪儿长大的？
⑥ 说说曾经让你尴尬的时刻？

10. 仔细观察对方的回答。

11. 将观察结果记录在数据表中。

12. 在数据表中对上述几个问题的答案进行分析，并标明你认为对方是否在说谎。

13. 与同伴就答案进行讨论以检测你的判断是否正确。

14. 与另外两名同伴重复步骤2—12。

实验观察

1. 前4个问题是否有助于确认诚实的基准行为？为什么？
2. 接下来的2个问题是否有助于确立撒谎的基准行为？为什么？
3. 你判断谎言的准确率如何？
4. 哪些行为能帮助你判断对方在说谎？
5. 这些技术在犯罪调查中有哪些用处？

数 据 表

同伴姓名									
问题	目视的方向（从你的角度看）	手的动作	是否触摸脸、鼻子、喉咙或嘴	语言与肢体动作是否配合	是否有目光接触	你与他之间是否有其他东西	是否重复你的话	是否使用缩略语	真话还是假话
1									
2									
3									
4									
5									

续　表

同伴姓名									
问题	目视的方向（从你的角度看）	手的动作	是否触摸脸、鼻子、喉咙或嘴	语言与肢体动作是否配合	是否有目光接触	你与他之间是否有其他东西	是否重复你的话	是否使用缩略语	真话还是假话
6									
7									
8									
9									
10									
11									
12									

我们的发现

请参见本书附录中"我们的发现"。

实验8　头发分析

简　介

司法人员在犯罪现场会找到各种各样的物证,其中最有用的就是人类的头发。由于头发不容易分解,因此即使在案件发生很久之后才找到的头发也保持着原来的状态。头发的最外层是鳞片角质层,中间是皮质层,最里面的是中空的髓质层。皮质层含有的色素粒使头发具有不同的颜色,而髓质层则只是在有些头发中存在,有些头发则没有。图1是头发的横截面图形。法医通过对头发的分析可以对头发的各种特点有所了解,比如头发的直径、颜色、毛糙程度、色素粒的分布以及是否含有髓质层等。

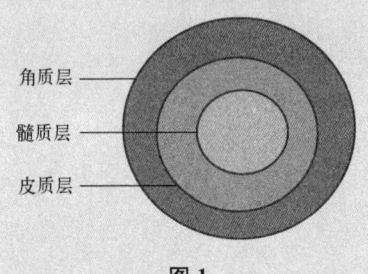

图1

用髓质层的直径除以头发的直径可以得到髓质指数,通常用分数表示。法医通过使用放大镜和显微镜上的低倍接物镜,能够对不同种族、民族的头发进行鉴别。下表就是对不同人种头发特点的总结,不过这些都是依据人口所得出的普遍性结论,不应该被认为是某种成见。

通过对头发的分析,人们还可以从中发现它是否含有有毒物质或者是含有某些养分。因此头发分析可以用来判断一个人的健康状况。这已经远远超出了司法医学的范畴。

种　族	头　发　特　点
高加索人	直发或弯曲，横截面为圆形或椭圆形，髓质层不连贯或不存在，色素粒分布均匀
亚洲人	直发，色素粒多且分布均匀，横截面为椭圆形，髓质层连贯
美籍非裔	卷发，色素粒密集但分布不均匀，髓质层不连贯或不存在

在本实验中，你将对一场虚构的案件进行调查，具体要求就是将受害人与"罪犯"的头发样本和已知样本进行比对。

实验时间

1 小时

实验材料

- 12 个载玻片
- 12 个盖玻片
- 光学显微镜
- 镊子
- 头发样本
- 纸
- 钢笔
- 同伴
- 几滴水
- 各自贡献 2 缕头发的 5 名志愿者

安全提示

请仔细阅读并遵守本书"实验前必读"中的"安全准则"。

实验8　头发分析　35

实验步骤

1. 将同伴和志愿者聚集在同一个房间内。
2. 请其中一名志愿者扮演受害人角色。
3. 告诉志愿者你将暂时离开房间,而你的同伴将会收集受害者以及"罪犯"的头发。假设在你离开房间时这里发生了一起案件,你的工作就是找出哪个志愿者是"罪犯"。
4. 离开房间并请同伴照上面的指示开始工作。
5. 回到房间。
6. 同伴将收集的两缕头发交给你,此时你不知道这两缕头发分别是属于谁的,所以不要对样本进行标注。
7. 在一张纸上写下所有人的名字。
8. 请房间里的每个人都贡献一根头发并且将其放在对应的名字下方(图2)。

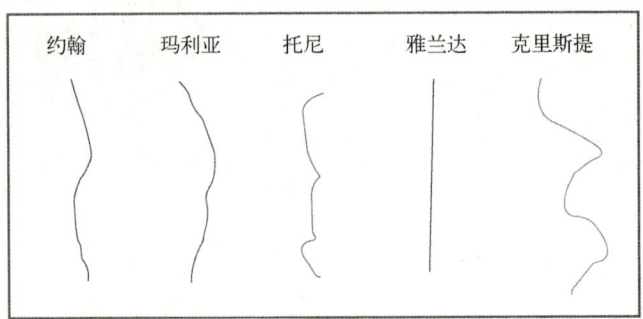

图2

9. 观察头发的颜色和粗细,其中也包括同伴递给你的那两个头发样本。
10. 将观察结果记录在数据表中。
11. 在记录表中标明头发是直的、弯的还是带卷的。
12. 将每根头发都放在载玻片上并盖上盖玻片,如有必要可用水将头发固定然后再使用盖玻片(图3)。
13. 在显微镜下观察头发并将结果记录下来,如头发颜色、粗细、是否做过漂白或染色、鳞片角质层的特点以及其他可能有用的信息。

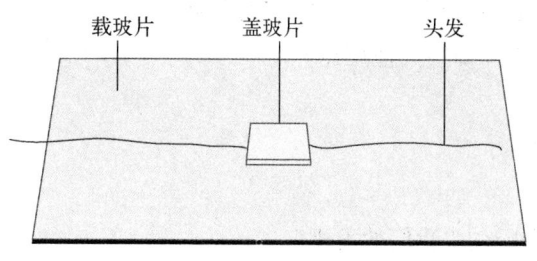

图 3

数 据 表

实 验 观 察	肉 眼 观 察	显微镜下观察
来自犯罪现场的样本		
1		
2		
志愿者的样本		
1		
2		
3		
4		
5		

实验观察

1. 你能否鉴别出在那两组头发样本中哪根头发是属于受害者的？这对你的实验有什么帮助？

2. 由于另外一根头发是属于"罪犯"的，那么哪个志愿者的头发与"罪犯"头发的

① 质地相同？

② 颜色相同？

③ 形状（直的、弯的、带卷的）相同？

④ 粗细相同？

⑤ 有其他相似之处？

3. 你认为谁是"罪犯"？为什么？你的判断对吗？
4. 头发分析还有哪些其他用途？

我们的发现

请参见本书附录中"我们的发现"。

实验 9　鉴别玻璃和塑料

简　介

　　犯罪现场会留存有许多物证,但通常只是些微量物证,不过即便如此,对案件的侦破也至关重要。由于微量物证的某些特点是无法单凭肉眼进行观察的,因此,科学家们需要对样本进行分析以明确其材质成分。比如,在未经分析的情况下,人们有时难以区分玻璃和塑料。此时刑侦人员必须对样本做各向异性(由于光波波长不同,物体的折射率也不同)、各向同性(不论光波的波长是多长,物体的折射率都相同)、干扰色(由白光的异相光线产生)以及其他特点的分析。不过,最简单的方法还是对样本的密度进行分析。通常塑料比玻璃的密度小。人们还可以把微量物证的密度同在疑犯家中找到的塑料或玻璃的密度进行对比,从而帮助破案。

　　在本实验中,你将测量玻璃和塑料样本的质量和体积从而得出其密度,目的是鉴别某个不知名的样本究竟为何物。

实验时间

1 小时

实验材料

- 几小块不同来源的玻璃样本（如水杯、窗玻璃等）
- 几小块不同来源的透明塑料（如塑胶玻璃、CD 盒）
- 大烧杯
- 足够装满烧杯的水
- 厚手套
- 天平
- 铅笔
- 同伴

安全提示

玻璃和塑料碎片尖锐，易于划伤，并且不易拿取，请佩戴厚手套加以防护。请仔细阅读并遵守本书"实验前必读"中的"安全准则"。

实验步骤

1. 在接触玻璃或塑料之前确保你和同伴已经戴了厚手套。
2. 你离开房间，同时请你的同伴挑选一块玻璃或塑料样本作为不知名的样本。
3. 回到房间后请同伴把这个不知名的样本交给你，但不能告诉你究竟是什么东西的样本。
4. 称量不知名样本的重量（图1）。
5. 将重量记在数据表中。
6. 将烧杯的 2/3 注满水。
7. 在数据表中记录水的体积（图2）。
8. 把不知名的样本放入烧杯中（图3）。
9. 把加入样本后水的体积数据写在数据表中。

图 1

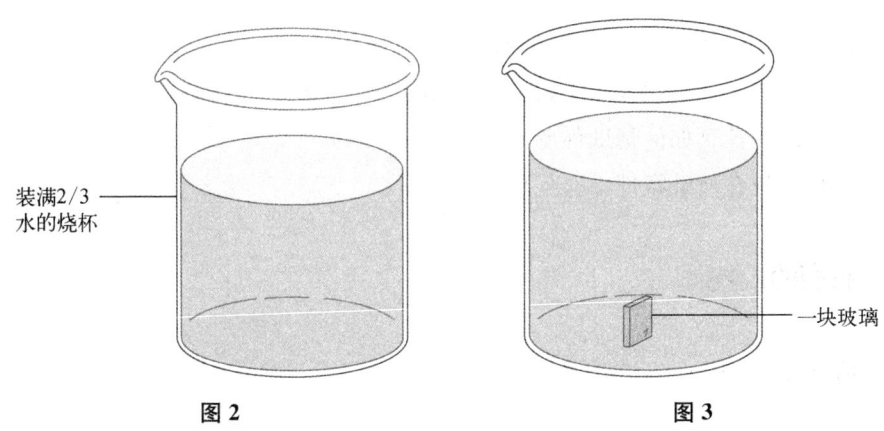

图 2　　　　　　　　　图 3

10. 用新的体积数据减去原来的体积数据并将结果记录在数据表中。

11. 对所有已知样本重复步骤 4—10。

12. 计算所有已知和未知样本的密度，方法是用其质量除以体积。

13. 将不知名样本的体积同已知样本的体积进行对比，看你是否能鉴别出它究竟是什么？

数 据 表

样 本 （水杯、CD 盒）	质量(g)	水的体积 (ml)	加入样本后 水的体积(ml)	样本的 体积(ml)	密 度 D＝质量/体积
未知样本					
——玻璃					

实验 9　鉴别玻璃和塑料

续 表

样 本 (水杯、CD盒)	质量(g)	水的体积 (ml)	加入样本后 水的体积(ml)	样本的 体积(ml)	密 度 D=质量/体积
——玻璃					
——玻璃					
——塑料					
——塑料					
——塑料					

实验观察

1. 不知名的样本是玻璃还是塑料？
2. 你能否鉴别出该样本来自哪种玻璃或塑料？结果是否正确？
3. 密度的计算如何帮助你鉴别样本？
4. 该过程在侦破案件中有何应用？

我们的发现

请参见本书附录中"我们的发现"。

实验 10　DNA 提取技术

简介

所有生物的遗传信息都被 DNA 所承载,它是有机体信息的蓝本或密码。这种染色体杂交品种位于细胞的细胞核中,法医们常常为了要抓住罪犯或是确定受审者身份而进行 DNA 样本的提取分析。如果 DNA 样本与疑犯的 DNA 样本相吻合,那么司法机构就可以对其进行抓捕。除此以外,DNA 分析还能帮助人们判断某人是否患有遗传疾病,或者某些人之间是否有血缘关系。DNA 分析的第一步是提取 DNA 样本,也就是将 DNA 从细胞中分离出来。为此,人们要将细胞弄破,再用清洁剂将膜脂分离。DNA 存在于所有生物中,因此可以从人类、动物或是植物细胞中分离出 DNA。

在本实验中,你将学习如何从植物细胞中分离 DNA 并在显微镜下对其进行观察。

实验时间

1 小时

实验材料

- 密封塑料袋

- 1个草莓
- 90毫升的水
- 5毫升的清洁剂
- 1/3茶匙(2克)的盐
- 搅拌棒
- 纱布
- 漏斗
- 1个小号烧杯
- 1个中号或大号烧杯
- 剪刀
- 20—40毫升的酒精
- 冰块
- 水碗
- 干净的小玻璃瓶
- 2根牙签
- 纸巾
- 显微镜
- 载玻片
- 2个带刻度的量杯
- 以克为单位的天平

安全提示

请仔细阅读并遵守本书"实验前必读"中的"安全准则"。

实验步骤

1. 将酒精倒入带有刻度的量杯中。
2. 把量杯放在装满冰块的碗中冷却(图1)。

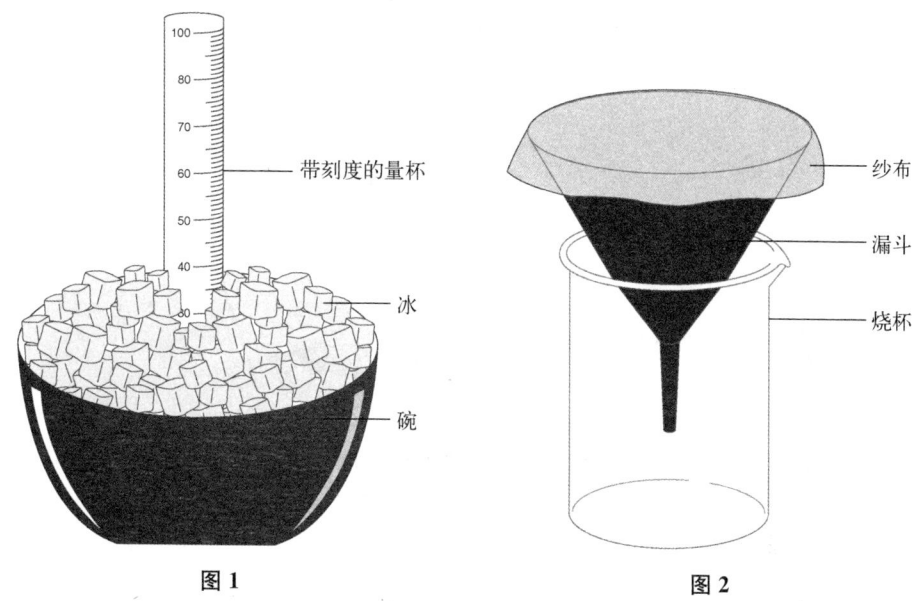

图1　　　　　　　　　　　　　图2

3. 将草莓上的绿叶摘掉。

4. 把草莓放在密封塑料袋中，口封死并挤压2分钟，务必保证将草莓完全挤压碎，如果袋子里有泡沫就把泡沫弄干净。

5. 在中号烧杯倒入水、清洁剂和盐搅拌几下当作DNA提取液使用。

6. 将10毫升的提取液倒入塑料袋中。

7. 再挤压塑料袋1分钟，注意别弄出多余的泡沫。

8. 把漏斗放在烧杯中并且将纱布盖在漏斗上形成一个过滤装置(图2)。

9. 用剪刀将塑料袋的一角剪开，把里面的东西倒在你刚刚做好的过滤装置上。

10. 如果液体从纱布上滴入烧杯的速度很慢的话可以挤压纱布。

11. 把过滤后的草莓汁倒入小玻璃瓶中，高度为玻璃瓶的一半。

12. 把酒精倒入玻璃瓶中。

13. 把玻璃瓶反复倒置几次使其充分混合。注意不要摇动玻璃瓶。

14. 注意观察玻璃瓶中的大气泡，其周围有白色的云状附着物，这些附着物就是DNA。

15. 用牙签转动DNA，方法和你做棉花糖一样。如果倾斜小玻璃瓶的话，你会提取到更多的DNA(图3)。

实验10　DNA提取技术　　45

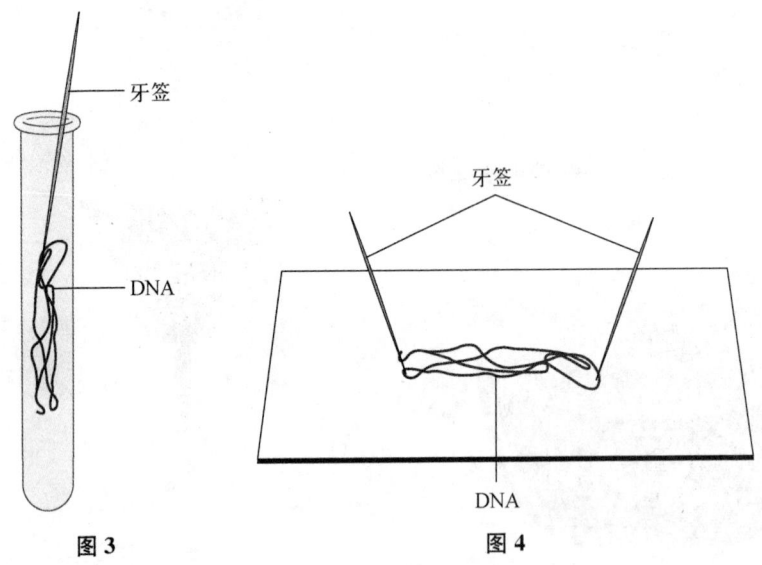

图 3　　　　　　　　　图 4

16. 用牙签将 DNA 挑出放到纸巾上,此时它看上去就像黏液或是蛋清。干了之后的样子和蜘蛛网差不多。蛛网的纤维就是千百万个 DNA 的双螺旋。

17. 把 DNA 纤维放在干净的载玻片上并用 2 根牙签将其尽可能地拉直以便于观察(图 4)。

18. 分别用低倍和高倍显微镜对载玻片进行观察。

19. 将观察结果记录在数据表中。

数 据 表

显微镜倍数	DNA 纤维的草图
低倍显微镜	
高倍显微镜	

实验观察

1. 为了研究需要,科学家们必须提取人类 DNA。你认为提取人类 DNA 的方法和提取草莓 DNA 的方法一样吗？为什么？

2. 人类所有细胞中的 DNA 都是一样的吗？为什么？

3. 如果你要检查疑犯的 DNA,你会选择哪种细胞？为什么？

4. 为什么司法人员要研究疑犯和受害人的 DNA？

我们的发现

请参见本书附录中"我们的发现"。

实验 11　粉体分析

简　介

　　法医经常会在犯罪现场找到粉体,如果不经测试的话,法医们无法判断这些东西是否合法,也无法准确鉴别这些粉体属于哪一种。对于一些常见的白色粉体,人们已经对其进行了测试归类,因此从犯罪现场收集到的粉体可以与之相比对以排除一些合法的粉体。比如,当警察在路上巡逻进行例行路检时,也许会在某些毒品交易常发生的地方拦住一辆车子并在车座上发现一些白色粉体。于是,他会取些样本进行鉴定。这些白色粉体有可能是司机不小心弄撒的白糖或食品但也有可能是非法物品。

　　为了保证检测结果百分之百准确,一些更精准严格的实验是必需的。当法医怀疑某种粉体可能是毒品(如可卡因时),通常会对其做可靠区间测试。所谓可靠区间就是表明该物质准确属性的一种计算。可靠区间值越高,这种物质属于毒品的可靠性就越高。尽管对不同粉体进行分析时,可以使用许多复杂的方法,如红外吸收光谱法等,但是也有许多简单的方法可以对粉体进行检验。

　　在本实验中,你将分析像糖和盐这样的物质。

实验时间

45分钟

实验材料

- 1 支白色粉笔
- 6 克糖
- 9 克盐
- 7.5 克苏打粉
- 9 克玉米淀粉
- 8 滴碘溶液
- 8 滴水
- 8 滴醋
- 1 张黑色手工纸
- 量匙
- 放大镜
- 3 个点眼药器
- 8 个标签
- 黑色记号笔
- 铅笔
- 8 个小烧杯
- 以克为单位的天平

安全提示

请仔细阅读并遵守本书"实验前必读"中的"安全准则"。

实验步骤

1. 用白粉笔在黑色手工纸上标明 4 种粉体的名称(图1)。
2. 在每个名称下方分别放置 4 种不同的粉体,每种 1.5 茶匙(图2)。
3. 用放大镜观察这些粉体,注意其质地和气味。触摸粉体以检查其质地的

图1

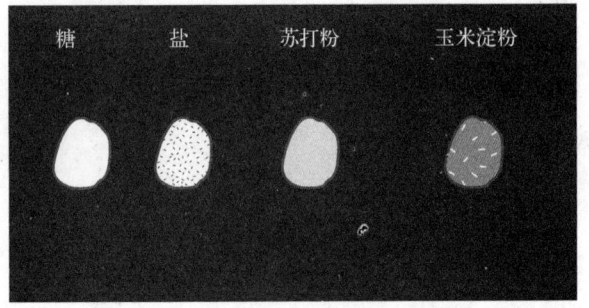

图2

做法是安全的。

    4. 将观察结果记录在数据表中。

    5. 用点眼药器在每种粉体上加2滴水。

    6. 注意观察粉体的变化,如是否溶解或对水发生反应。

    7. 将观察结果记录在数据表中。

    8. 将4个烧杯分别贴上标明粉体名称的标签(图3)。

图3

9. 用新的点眼药器在每个烧杯中滴 2 滴醋。
10. 观察粉体对醋的反应。
11. 将观察结果记录在数据表中。
12. 用碘溶液重复步骤 8—11。

数 据 表

粉　体	气　味	质　地	与水产生的反应	与醋产生的反应	与碘产生的反应
糖					
盐					
苏打粉					
玉米淀粉					

实验观察

1. 了解物质的反应变化是如何帮助司法人员鉴别不明粉体的？
2. 如果白色粉体加入碘后变成黑色，那么你认为该粉体是什么东西？
3. 如果白色粉体加入醋后产生泡沫，那么你认为该粉体是什么东西？
4. 还有哪些其他技术有助于观察和鉴别粉体？

我们的发现

请参见本书附录中"我们的发现"。

实验12　人工合成尿液分析

简　介

尿液分析的方法是将尿样采集到杯子里并取少量尿液进行分析。作为医疗检查的一部分，人们通常会在医院、实验室、诊所进行这种实验。它有助于医生诊断那些引起身体异常表现的病因究竟是什么。不过尿样分析也可以用来判断是否有案件发生，如是否有人吸毒等。另外，某些特殊药物在尿检时也可以被检出，比如现在对职业运动员进行尿检已经是再普通不过的做法而且尽人皆知。这种尿检的目的是要保证运动员没有使用违禁药物。在犯罪现场提取的尿样也会被加以分析。通过比对该尿样是否与某个嫌疑人的尿样相符，法医们可以判断那人当时是否在案发现场。此外尿液分析还有助于判断该疑犯的性别以及他是否患有某种疾病。这使得办案人员将嫌疑犯的范围只锁定在那些患有该疾病的人身上。

在本实验中，你将对人工合成的尿样进行分析，并且将该样本与5个已知的尿样进行比对。这就好比将在犯罪现场采集的尿样和5个疑犯尿样相比对。你将对尿样做4个简单的实验，凭肉眼和嗅觉对其进行观察，同时还要对其蛋白质、pH值和葡萄糖含量进行检测。

实验时间

60—90 分钟

实验材料

(作者提示:所有的化学物质和试纸都可以在实验用品商店买到)
- 大约 50 滴黄色食用色素
- 15 克氯化钠
- 5 克葡萄糖粉
- 25 克尿素
- 3 克蛋白粉
- 5 升水
- 2 毫升 2 摩尔的盐酸
- 3 毫升 1 摩尔的氨溶液
- 6 张葡萄糖试纸(附带比色图表)
- 6 张通用指示试纸(附带比色图表)
- 12 支试管
- 试管架
- 1 个中号碗
- 70℃热水
- 试管钳
- 护目镜和手套
- 温度计
- 带刻度的量杯
- 天平
- 5 个可以容纳 1 升液体的长颈瓶或玻璃瓶
- 5 支搅拌棒
- 标签
- 黑色记号笔

- 2 张纸巾
- 同伴

> **安全提示**
>
> 建议在成年人监督下进行实验,使用化学物品时佩戴护目镜和手套。不要将化学物品溅到皮肤上或眼睛里。如溅到皮肤上要用水冲洗,溅到眼睛里要用眼药水或清水冲洗,并应立即就医。请仔细阅读并遵守本书"实验前必读"中的"安全准则"。

实验步骤

1. 在1个瓶子上贴标签,标明"1号样本"。
2. 在该瓶中加入1升水。
3. 分别称量下列物质并将其倒入水中:
   10滴黄色食用色素、3克氯化钠、5克尿素、1克葡萄糖粉、1克蛋白粉。
4. 用搅拌棒搅拌。
5. 给第2个瓶子标明"2号样本"。
6. 在该瓶中加入1升水。
7. 分别称量下列物质并将其倒入水中:
   10滴黄色食用色素、3克氯化钠、5克尿素、1克葡萄糖粉。
8. 用干净的搅拌棒搅拌。
9. 加入3滴盐酸并搅拌。
10. 给另一个瓶子标明"3号样本"。
11. 在该瓶中加入1升水。
12. 分别称量下列物质并将其倒入水中:
    10滴黄色食用色素、3克氯化钠、1克葡萄糖粉。
13. 用干净的搅拌棒搅拌。
14. 加入3毫升的氨水搅拌。
15. 给另一个瓶子标明"4号样本"。

16. 在该瓶中加入 1 升水。

17. 分别称量下列物质并将其倒入水中：

10 滴黄色食用色素、3 克氯化钠、5 克尿素、1 克蛋白粉。

18. 用干净的搅拌棒搅拌。

19. 给另一个瓶子标明"5 号样本"。

20. 在该瓶中加入 1 升水。

21. 分别称量下列物质并将其倒入水中：

10 滴黄色食用色素、3 克氯化钠、1 克葡萄糖粉、1 克蛋白粉。

22. 用干净的搅拌棒搅拌。

23. 给一支试管标明"证据"(图 1)。

24. 在你看不见的情况下让同伴从上述溶液中选择一种并将其倒入"样本"试管内，高度为试管的一半。

25. 分别给 5 个试管标注序号 1—5(图 2)。

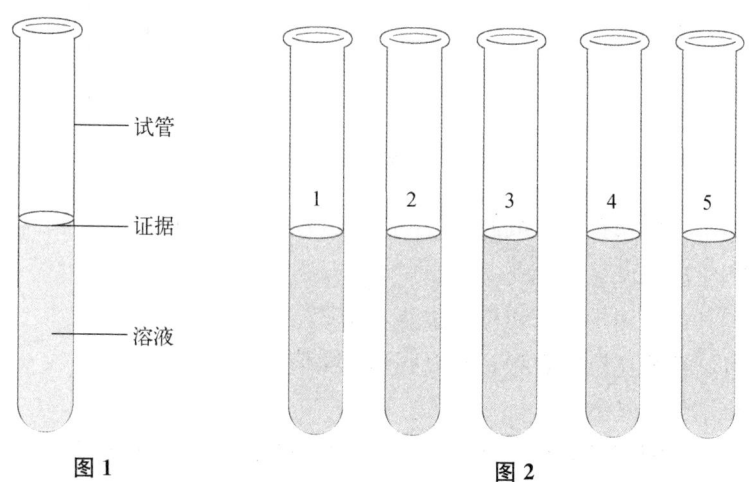

图 1　　　　　　图 2

26. 将每种溶液都分别倒入与标签数字相对应的试管中。

27. 观察每个试管中尿样的颜色，注意其是深色还是浅色，是黄色还是黄褐色。将结果记录在数据表中。

28. 闻一下每种样本的气味并将其记录在数据表中。

29. 对"证据"样本重复步骤 27—28。

30. 分别在 6 个试管上标注序号 1—5 和"证据"字样。

实验 12　人工合成尿液分析　55

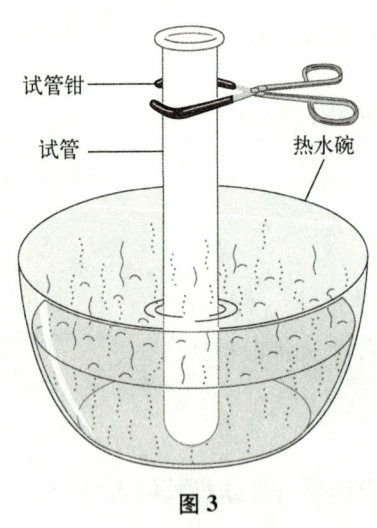

图 3

31. 将每支试管中的液体倒入上述 6 个试管中,要求一一对应。

32. 用试管钳将每种样本都置入热水中几分钟以检查其是否含有蛋白质(图 3)。

33. 把试管从热水中取出并与室温下的试管相对比,要求一一对应。如果加热过的试管内出现更多的云状物,表明该尿样含有蛋白质。

34. 将结果记录在数据表中。

35. 将加热过的试管放在一边,继续用未经加热的试管进行实验。

36. 在一张纸巾上写下数字 1—5 和"证据"字样(图 4)。

1	2	3	4	5	证据

图 4

37. 将 1 根通用指示试纸放入"样本 1"试管中并迅速取出,将其放在纸巾上写着数字 1 的下面。

38. 用其他通用指示纸和样本重复步骤 37。

39. 将试纸和比色图表相对照以判断 pH 值。

40. 将结果记录下来。

41. 用葡萄糖试纸重复步骤 37—40。记录样本是否含有葡萄糖,是含有微糖、中等糖量还是含糖量较高。

数 据 表

特 性	样本 1	样本 2	样本 3	样本 4	样本 5	证据样本
颜 色						
气 味						
是否含蛋白质?						

续 表

特　性	样本1	样本2	样本3	样本4	样本5	证据样本
pH 值						
是否含葡萄糖？						

实验观察

1. 仅仅从颜色和气味上判断，你认为哪个样本与证据样本最接近？为什么？
2. 哪个样本含有蛋白质？是证据样本吗？哪一个样本不属于犯罪嫌疑人？
3. 哪个样本的 pH 值与证据样本最接近？
4. 哪个样本含有葡萄糖？是证据样本吗？哪一个样本不属于犯罪嫌疑人？
5. 尿样分析在法医学上有什么用？
6. 尿样分析还有哪些其他用途？

我们的发现

请参见本书附录中"我们的发现"。

实验13　牙印模与鉴定

简 介

　　法医牙科学的专家可以帮助识别人体遗骸。当有大规模伤亡事件发生时可以帮助辨认受害人,此外,他们还分析咬痕、评估受害人可能受到的虐待、猜测死者年龄或是判断受害人是否曾经被误诊过。如果遗体已经腐烂或是因烧伤而面目全非时,法医牙科专家会通过牙齿确认死者身份。这一点在空难事故中尤其重要,因为空难中往往难以找到全尸。在袭击案中,咬痕既有可能来自受害者也有可能来自案犯,尤其是当受害者试图通过撕咬来保卫自己时。办案人员通过比对受害人的咬痕特点与疑犯身上所留下的咬痕可以轻易地就抓住罪犯。也有许多案例是因为疑犯在受害人身上留下了咬痕而使得办案人员最终将其抓获定罪。咬痕可能是完整的也有可能只是一部分,但都可以通过与牙齿治疗记录的对比找到匹配之处。

　　在本实验中,你将通过观察不同人的咬痕特点找到与样本相一致的地方。

实验时间

40分钟

实验材料

- 剪刀
- 钢笔
- 2 个聚苯乙烯塑料盘
- 直尺
- 5 名志愿者

安全提示

请仔细阅读并遵守本书"实验前必读"中的"安全准则"。

实验步骤

1. 用钢笔将每个塑料盘分成 6 个大小相等的楔形(图1)。
2. 将每个楔形都剪下来。

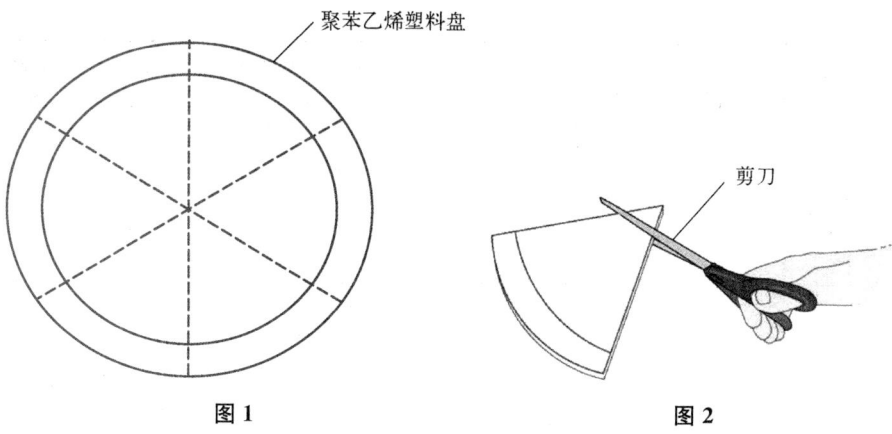

图1　　　　　　　　　图2

3. 在距楔形尖部 2.5 厘米的地方将其剪断(图2)。
4. 将两个剪掉尖角的楔形叠放在一起交给志愿者(图3)。

实验 13　牙印模与鉴定

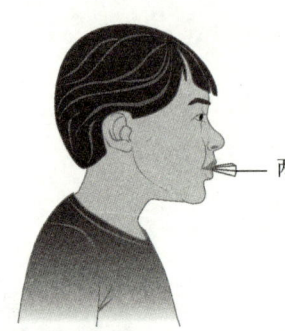

两个叠放在一起的剪掉尖角的楔形

图 3

5. 留下一对多余的楔形。

6. 让每个志愿者都在楔形上留下咬痕并且将上面的楔形标为"上",下面的楔形标为"下",同时还要写上自己的名字。另外,你离开房间后这 5 名志愿者要选出一人在多余的那对楔形上留下咬痕,但并不会告诉你这个人是谁或是将其名字写在上面。

7. 你回到房间后确认志愿者完成了上述步骤。

8. 观察他们留下的咬痕,数数每个咬痕上的牙齿数,注意牙齿间隔或是独特的地方。

9. 将观察结果记录在数据表中。

10. 试图找出那个在多余的楔形上留下咬痕的人。

数 据 表

志愿者	上牙的数量	下牙的数量	牙齿间距离或是否缺上牙	牙齿间距离或是否缺下牙	上牙的特殊形式	下牙的特殊形式
1						
2						
3						
4						
5						
神秘人						

实验观察

1. 你能找出那个留下神秘咬痕的人吗?你是怎样做到的?
2. 在所有的咬痕中是否有什么特别之处?
3. 什么情况下法医会利用咬痕进行调查?

我们的发现

请参见本书附录中"我们的发现"。

实验 14　金属的焰色反应

简　介

凶器的种类五花八门,比如罪犯可以用手边的重物袭击受害者的头部。为了找到凶器,司法人员要对可能留在现场的金属物碎片进行研究。当然前提是凶器必须是某种金属物才行。有时司法人员也可以对凶器进行检查以确定其成分并判断其伤害程度有多大。

研究金属在受热情况下发出的焰色在法医学以外的地方也非常有用。如烟火就是利用一定数量的某种金属可以发出美丽的焰火而制成的,而含有某种金属的彩灯则会在点亮时发出彩色的光。

焰色反应的基础是金属的发射光谱。每种金属在受热时均会发出带颜色的光,而且颜色一致,除非该金属受到了其他东西的污染。

在本实验中,你将对不知名的金属样本与已知样本做比对进而判断溶液中的金属是什么。

焰色反应是判断金属种类的一种简单方法,不同的金属在溶液中溶解后,在受到火源加热时都会发出不同的光。下表列出的是金属名称及其焰色。

数　据　表

金　属　名　称	焰　　色
钡	浅绿色
钙	砖红色

续表

金 属 名 称	焰 色
铜	蓝色
铁	金色
锂	红色
钾	淡紫色
钠	明黄色/黄色
锌	蓝绿色

实验时间

45—60分钟

实验材料

- 12根干净的用于焰色反应的金属线（金属线在实验用品店可以买到）
- 煤气喷灯或酒精灯
- 钢笔
- 黑暗的房间
- 护目镜
- 手套
- 能装满一半试管的0.5克分子氯化钡溶液
- 能装满一半试管的0.5克分子氯化钙溶液
- 能装满一半试管的0.5克分子硫酸铜溶液
- 能装满一半试管的0.5克分子硝酸铅溶液
- 能装满一半试管的0.5克分子硝酸钾溶液
- 能装满一半试管的0.5克分子氯化钠溶液
- 12支试管
- 试管架

- 标签
- 记号笔
- 同伴

安全提示

建议在成年人监督下进行实验。小心用火。金属在离开火源后仍然温度较高。使用化学物质时佩戴手套和护目镜。请仔细阅读并遵守本书"实验前必读"中的"安全准则"。

实验步骤

1. 用金属名称的缩写给 6 支试管做标注,如"钡"代表"氯化钡"(图 1)。

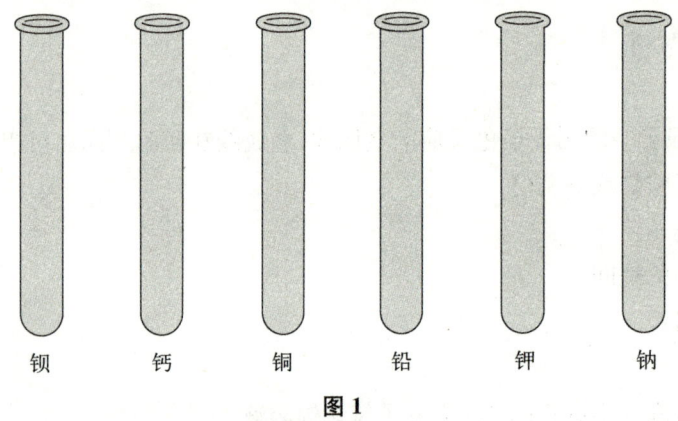

钡　钙　铜　铅　钾　钠

图 1

2. 把不同的金属溶液倒入每支试管的一半。

3. 你离开房间,同时让同伴将第一支试管内的金属溶液倒出一半装在其他的试管中。以此类推,直到将所有 6 个剩余的试管都倒入溶液。

4. 同伴将这些未做标注的试管打乱顺序但他知道顺序,只有你不知道(图 2)。

5. 你回到房间。

6. 把灯光调暗。

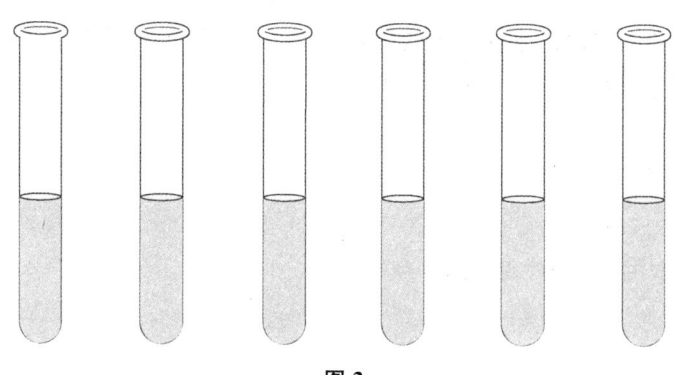

图 2

7. 将一根焰色反应用金属线放入贴着"氯化钡"标签的试管内。

8. 把金属丝放在煤气喷灯上观察其焰色（图3）。

9. 将观察结果记录在数据表中。

10. 每种溶液重复步骤7—9，每种溶液都用一个新的金属丝做实验。

11. 重复步骤7—10检测你同伴制造的未知样本。

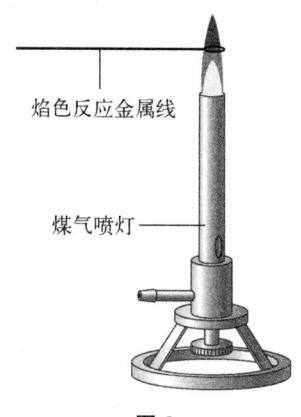

图 3

数 据 表

金属名称	焰　色	金属名称	焰　色
钡		样本1	
钙		样本2	
铜		样本3	
铅		样本4	
钾		样本5	
钠		样本6	

实验观察

1. 已知金属的焰色是否与你料想的一样？如果不一样，那么你看到了什么？

2. 与你的同伴讨论未知样本的检测结果。你是否准确地鉴别了它们?
3. 这项分析在司法医学上有何用处?

我们的发现

请参见本书附录中"我们的发现"。

实验 15　笔迹分析

简　介

文件鉴定指对文件进行司法鉴定以确定其来源,其鉴定过程包括对文件纸张的分析、墨水来源的确认以及根据文件上的笔迹来追踪书写者等。司法上的笔迹分析与笔迹学研究不同,笔迹学主要是通过对笔迹的分析来了解书写者的性格特点和心理状态。

文件是执法人员用以侦破案件的众多线索之一,比对疑犯和在犯罪现场找到的文件上的笔迹有助于执法人员找到真正的案犯,其调查结果可以作为证据提供给法庭。

研究笔迹的司法专家通常会仔细研究书写者的书写特点,包括字形、倾斜程度、连笔程度、间隔、弧度和字符间隔等。此外还包括书写时所使用的力道的大小以及标点符号、拼写、语法和遣词造句上的特点。

在本实验中,你将就一封敲诈信上的笔迹和疑犯笔迹相对比来确定谁是"罪犯"。

实验时间

45分钟

实验材料

- 9 张纸
- 墨水颜色和粗细完全相同的 8 支钢笔
- 8 名志愿者

安全提示

请仔细阅读并遵守本书"实验前必读"中的"安全准则"。

实验步骤

1. 让志愿者在你离开房间后选出一人来写敲诈信,内容是要求对方为被绑架者付赎金(图1)。他们绝对不能让你知道这个人是谁。
2. 在上述行为完成后你回到房间。
3. 拿过敲诈信。

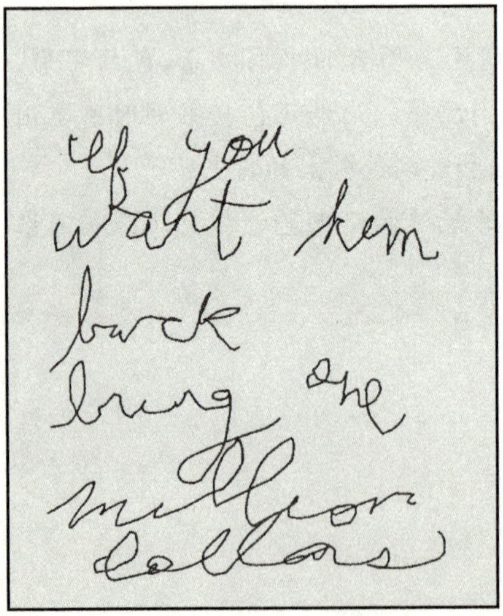

图 1

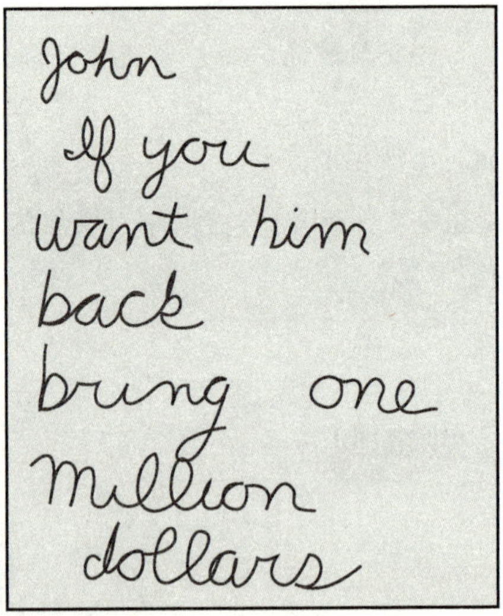

图 2

4. 告诉志愿者他们现在都是疑犯，他们每个人都要在纸上写字以便于笔迹的比对。

5. 给每名志愿者分发笔和纸。

6. 让每名志愿者都把敲诈信的内容重写一遍，并且签上自己的名字(图 2)。

7. 仔细比对笔迹，注意倾斜程度、文字大小、字母间隔、单词间隔以及其他比较明显的特点(图 3)。

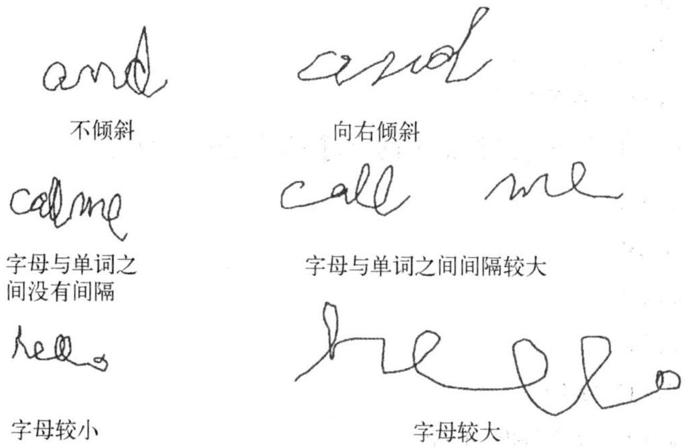

and
不倾斜
and
向右倾斜
callme
字母与单词之间没有间隔
call me
字母与单词之间间隔较大
hello
字母较小
hello
字母较大

图 3

8. 将观察结果记录在数据表中。

数 据 表

每个疑犯所写的敲诈信	是否倾斜	字母大小	字母间隔	单词间隔	特殊形状
敲诈信					
1					
2					
3					
4					
5					
6					
7					
8					

实验观察

1. 你在敲诈信上注意到了下列特点中的哪项？
① 倾斜程度？
② 字母大小？
③ 字母间隔？
④ 单词间隔？
⑤ 与众不同的字形？

2. 哪个疑犯的字迹与敲诈信上的字迹相同，相同之处是：
① 倾斜程度？
② 字母大小？
③ 字母间隔？
④ 单词间隔？
⑤ 与众不同的字形？

3. 谁是疑犯？你的判断对吗？

4. 罪犯也有可能会故意改变笔迹，你认为司法科学家能识别这一点吗？如果能的话，他是如何做到的？

我们的发现

请参见本书附录中"我们的发现"。

实验 16　鉴别其他印记

简　介

许多人认为只有指纹才是破案的关键,其实不然。许多印记对于侦破工作来说都是至关重要的,比如对唇印的研究。这在法医学上被称为唇检术。有时罪犯会把脸贴在玻璃上,这就在玻璃上留下了唇印。于是法医们就可以通过对唇纹这一最基本的唇印特点进行研究。唇纹主要分为钻石形、长垂线形、短垂线形、直角形和枝杈形(图1)。

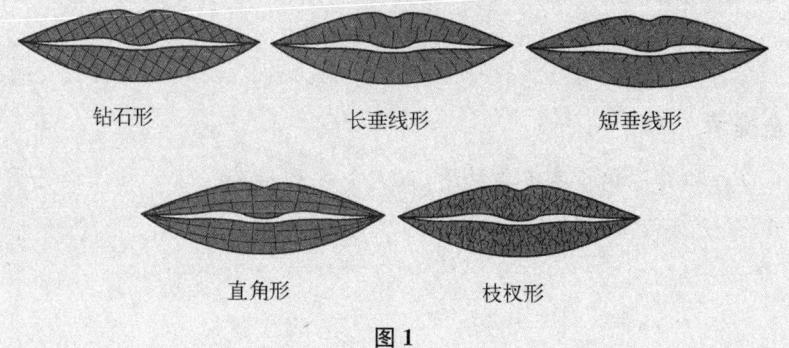

图1

鞋印也是司法科学家关注的重点,房间里或是潮湿的地面都能留下鞋印。司法科学家可以将其与疑犯的鞋底进行比较。从鞋印的大小我们可以推测疑犯的身高并告知民众,以此协助破案。

在本实验中,你将对唇印和鞋印加以鉴别,并根据鞋印大小推测身高。

实验时间

大约 2 小时

实验材料

- 黑色蛋彩
- 刷子
- 6 名穿鞋的志愿者
- 11 张白纸
- 直尺
- 卷尺
- 墙面
- 5 名女生
- 唇膏
- 6 张索引卡
- 钢笔或铅笔

安全提示

口红和其他化妆品不要共用,以避免疾病传染。请仔细阅读并遵守本书"实验前必读"中的"安全准则"。

实验步骤

1. 让女生涂上相似的口红。

2. 让女生在你离开房间后选出一人在索引卡上留下唇印,但不能告诉你是哪个人干的。结束后通知你回到房间里。

3. 你离开房间并在接到通知后再返回。

4. 让每个女生都在索引卡上留下唇印并写上自己的名字(图2)。

5. 在数据表1中画出唇印并记录你的观察结果。

6. 把观察结果和那个未知的神秘唇印相比对。

7. 努力找出留下唇印的人。

8. 让志愿者(男女都行)在你离开房间后用黑色蛋彩将鞋底涂黑,然后在白纸上留下鞋印。两只脚的鞋印要分别印在两张纸上(图3)。

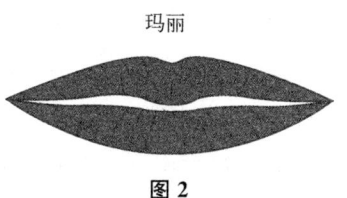

图 2

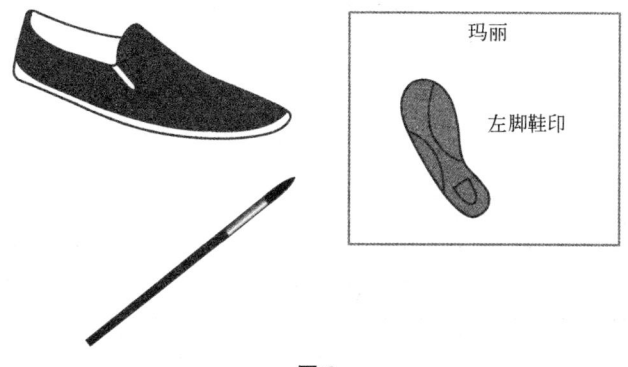

图 3

9. 让志愿者在纸上写下名字。

10. 让志愿者选出一人在另外的一张纸上留下鞋印,左右脚均可,但不要写名字,这个人就是"疑犯"。

11. 让志愿者在完成上述行动后通知你回到房间。

12. 离开并在接到通知后返回。

13. 在数据表2中记录你的观察结果。

14. 将观察结果与"疑犯"的鞋印做对比并找出"疑犯"。

15. 让5名志愿者脱下鞋子。

16. 让他们全都靠墙站直,用卷尺测量其身高。

17. 将身高记录在数据表3中。

18. 让志愿者的脚跟抵住墙,然后测量其左脚从墙根处到脚拇指尖的距离(图4)。

图 4

19. 将测量结果记录在数据表 3 中。

20. 计算每名志愿者的脚长与身高之比,方法是用每个人的左脚长度除以身高再乘以 100。

21. 测量第六名志愿者的左脚长度,方法是重复步骤 18—19。

22. 将结果记录在数据表 3 中。

23. 将结果除以 15 再乘以 100 得出该人的估计身高值。

24. 用卷尺测量第六名志愿者的实际身高。

25. 将结果记录在数据表 3 中。

数据表 1　唇　印

发现的结果	志愿者 1	志愿者 2	志愿者 3	志愿者 4	志愿者 5
神秘唇印					
草　图					
实验观察					

数据表 2　鞋　印

发现的结果	志愿者 1	志愿者 2	志愿者 3	志愿者 4	志愿者 5
神秘鞋印					
实验观察					

数据表 3　志愿者身高

测量结果(厘米)	志愿者 1	志愿者 2	志愿者 3	志愿者 4	志愿者 5	志愿者 6
脚的长度						
身　高						
脚长与身高比×100						
预计身高						
实际身高						

实验观察

1. 你知道是谁留下了那个未知神秘唇印吗?如果知道的话,哪项观察结果对你最有帮助？

2. 你知道是谁留下的那个鞋印吗？如果知道的话，哪项观察结果对你最有帮助？

3. 估计身高值和实际身高之间的差距大吗？它对破案有何帮助？

我们的发现

请参见本书附录中"我们的发现"。

实验 17　测定人造血液的类型

简 介

　　1930 年,美国医学研究人员卡尔·兰德施泰纳(Karl Landsteiner,1868—1943)被授予诺贝尔生理学或医学奖以表彰其成功地区别 4 种人类基本血型:A 型、B 型、AB 型和 O 型。划分依据是最有遗传性的抗原。抗原存在于细胞的表面,当抗原不同的血型进入人体后,人体会产生抗体,使得血细胞凝结成块,产生凝集作用,其结果是导致死亡。

　　举例来说,有抗原 A 的人会产生抗体 B,而有抗原 B 的人会产生抗体 A。O 型血的人不携带抗原 A 和抗原 B,因此会产生抗体 A 和抗体 B,而携带有抗原 A 和抗原 B 的人则不会产生抗体 A 和抗体 B。因此,在输血过程中认真核对病人和献血者的血型至关重要。

　　血型研究的另一个重要方面是对其 Rh 因子进行研究。我们人类的血液要么属于 Rh 阳性,要么属于 Rh 阴性。Rh 阴性的母亲在怀有 Rh 阳性的胎儿时会对婴儿血液产生抗体,导致意外。不过现在医生已经将 Rh 因子作为日常的检查内容之一。Rh 因子呈阳性的 AB 型血的人会被认为是 AB^+。

　　血型除了有助于破案外,还可以被用来做亲子鉴定。在本实验中,你将通过血型测定来解决一桩案子。

实验时间

40分钟

实验材料

- 4块血液抹片(可以在实验用品商店购买)
- 4个人造血液样本(可以在实验用品商店购买)
- 8根牙签
- 4个纸杯
- 记号笔
- 4根滴管
- 抗A血清(可以在实验用品商店购买)
- 抗B血清(可以在实验用品商店购买)
- 志愿者

安全提示

由于真的血液可能带有病原体,建议使用人造血液样本。请仔细阅读并遵守本书"实验前必读"中的"安全准则"。

实验步骤

1. 请向志愿者介绍以下情况:琼斯夫妇(Mr. and Mrs. Jones)最近喜得贵子,但当他们带着孩子回家后,一个自称是史密斯(Smith)的人找到他们,声称医院把他们两家的孩子弄混了。琼斯太太是O型血而孩子是B型血,琼斯先生的血型未知。于是他们一起来到医院。尽管院方一再保证孩子没有弄混,但琼斯夫妇仍然坚持至少要做一次血型检测。

请志愿者在你离开房间后制造血液样本,方法是分成4组,每组都在一个杯子里倒入些人造血液。记住要为母亲选 O 型血，婴儿选 B 型血，此外，志愿者还要为另外两个男人选择两种血型：一个人选 B 或 AB 型血，另一个人选 A 或 O 型血，每个杯子上分别标明琼斯太太、小琼斯、琼斯先生和小史密斯(图 1)。

图 1

2. 你在接到志愿者通知后返回房间。
3. 每个杯子里放入一根滴管。
4. 将 3 滴母亲的血滴入第一块抹片的 2 个小洞里(图 2)。

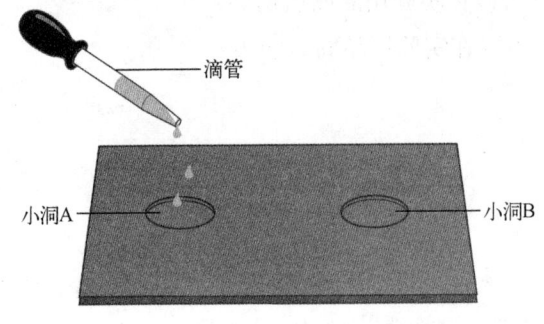

图 2

5. 用其他样本和抹片重复步骤 4。
6. 在每块抹片的小洞 A 中滴入 3 滴抗 A 血清，在小洞 B 中滴入 3 滴抗 B 血清。
7. 用不同的牙签在小洞中搅拌。
8. 观察血液的凝块(图 3)。

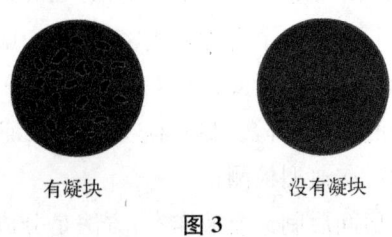

图 3

9. 将观察结果记录在数据表中并和表格 1 中的血型比对图对比。

数 据 表

受测试人	与抗 A 血清凝块	与抗 B 血清凝块	血　型
琼斯太太			
小琼斯			
琼斯先生			
小史密斯			

表 1

结　　果	血　型
与抗 A 血清凝块	B
与抗 B 血清凝块	A
与抗 A 和抗 B 血清凝块	O
不与任何血清凝块	AB

实验观察

1. 谁是孩子的父亲？
2. 你为什么得出这样的结论？
3. 为什么单靠血型检测还不能判断亲子关系？
4. 血型检测在侦破谋杀案中有什么用？

我们的发现

请参见本书附录中"我们的发现"。

实验 18　自制测谎仪

简　介

测谎仪可以测量和记录一个人在回答问题过程中的身体反应,可以监测一个人的血压、脉搏、呼吸、体温及皮肤电阻。测试仪的原理是:人在说谎时,其身体会与讲真话时的反应不同。询问人员会询问一些对方能如实回答的问题,然后再问一些希望对方能给出答案的问题,将前后身体反应加以对比。很多人都尝试过测谎仪的制作,但美国加利福尼亚大学的约翰·拉尔森(John Larson,1892—1983)被认为是第一个发明了能测量血压和皮肤反应的测谎仪的人。他的机器也是最早被美国贝克利警局采用的测谎仪。

人在说谎时皮肤会对某些压力失去反应。在本实验中,你将自制一个简易的测谎仪来测试皮肤电阻的降低。

实验时间

45分钟准备,30—60分钟测试

实验材料

(注意:所有材料都可以在电器商店或网上买到)

- 33 K 1/4 瓦的电阻
- 1.5 K 1/4 瓦的电阻
- 5 K 电位计
- 1 μF 16 伏电解质电容器
- 2 NP 3565 三极管
- 0—1 mA 模拟仪
- 2 个电极插件(与医用监护器上使用的电极插件相同)
- 2 节 5 号电池
- 1 米长的电线
- 割线器
- 电线绝缘胶布
- 2 名志愿者

安全提示

建议在成年人监督下进行实验。使用电路时要小心。请仔细阅读并遵守本书"实验前必读"中的"安全准则"。

实验步骤

1. 参考(图 1)的示意图将电极插件和电容器相连接,以表 1 为指导作为部分参考,在电线上画有黑点儿的地方将绝缘胶皮去掉,以便于将电线接头连接在一起。

2. 根据(图 1)与示意图将三极管接在一侧,33 K 1/4 瓦的电阻接在另一侧。

3. 从电阻处用电线将 5 K 电位计和 0—1 mA 模拟仪相连。

4. 用电线将 1.5 K 1/4 瓦电阻和模拟仪相连。

5. 根据(图 1)中的示意图在 5 K 电位计处加入电线。

6. 最后把 2 节 5 号电池和电线相连,你可以用电线绝缘胶布来固定电线,只有当你使用该设备时才接通电源,否则将电池与电线断开。

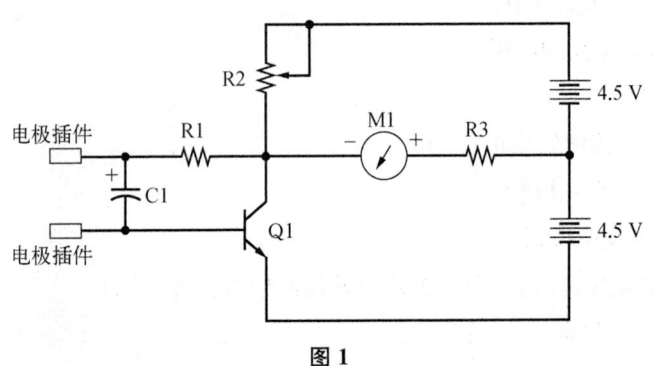

图 1

表 1

R1	33 K 1/4 瓦的电阻
R2	5 K 电位计
R3	1.5 K 1/4 瓦的电阻
C1	1 μF 16 伏电解质电容器
Q1	2 NP 3565 三极管
M1	0—1 mA 模拟仪
4.5 V	5 号电池
电极插件	电极插件
线路	电线

（作者提示：示意图来自下列网站 http://www.aaroncake.net/circiuts/lie.asp?showcomments＝all.类似的示意图也可在其他网站上搜索。）

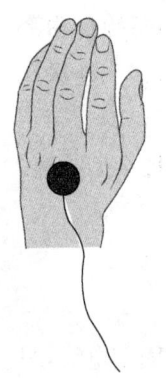

图 2

7. 将电极接在第一名志愿者的手背上（图 2）。

8. 将模拟仪归 0。

9. 向志愿者提 10 个问题，并在数据表上记录模拟仪指针是否移动，如果指针移动表明对方可能在说谎。

10. 取下电极并将电池断开。

11. 与志愿者讨论你的观察结果，看判断是否正确。

12. 再次接通电源并且对另一名志愿者重复步骤 7—11。

数 据 表

对志愿者提出的问题	模拟仪是否移动？	是否说谎？
1		
2		
3		
4		
5		
6		
7		
8		
9		
10		

实验观察

1. 你对第一名志愿者的判断准确程度如何？
2. 你对第二名志愿者的判断准确程度如何？
3. 为什么观察结果不如专业测谎仪准确可靠？

我们的发现

请参见本书附录中"我们的发现"。

实验 19　法医体格学

简　介

　　在犯罪现场找到的各种物证都能有助于侦破案件,包括指纹、头发、土壤、纤维、血迹、软组织和骨髓。法医学专业的一个分支就是法医体格学,它是专门研究人体骨骼的科学。法医体格学是人类体格学和骨科学的结合。通过对没有附着任何软组织的骨骼进行研究,可以判断一个人的年龄、性别、民族和身高。例如,通常女性因为要生育后代所以骨盆比男性的要更大、更圆,她们的下颌骨也比男性更圆滑;男性的四肢要比女性更粗、更长。这些知识对于识别死者身份非常重要,尤其当尸体已经腐烂或残缺不全或重度烧伤时,法医体格学家可以重建人体骨骼,分析其骨折处并判断骨折发生的原因,由此推测死者在死亡前后是否受到过袭击。尽管法医体格学家不能对死因作出官方判断,但是可以给出可能造成死亡的原因并在听证会上作为鉴定证人陈述自己的见解和理论。

　　在本实验中,你将扮演法医体格学家对各种骨头进行分析。

实验时间

2—3 小时

实验材料

（注：骨骼模型可以在实验用品商店买到并附有说明书）
- 男性头骨模型
- 女性头骨模型
- 男性骨盆模型
- 女性骨盆模型
- 男性上肢骨模型
- 女性上肢骨模型
- 男性腿骨模型
- 女性腿骨模型
- 卡尺
- 量角器
- 直尺
- 人体解剖学手册（可在实验用品商店购买）
- 法医骨科学手册（可在实验用品商店购买）
- 同伴
- 标签
- 钢笔
- 纸

安全提示

请仔细阅读并遵守本书"实验前必读"中的"安全准则"。

实验步骤

1. 当你离开房间时，你的同伴要将所有的骨头打乱顺序并且编号（图1）。同伴本人要记录下骨头的号码和性别。

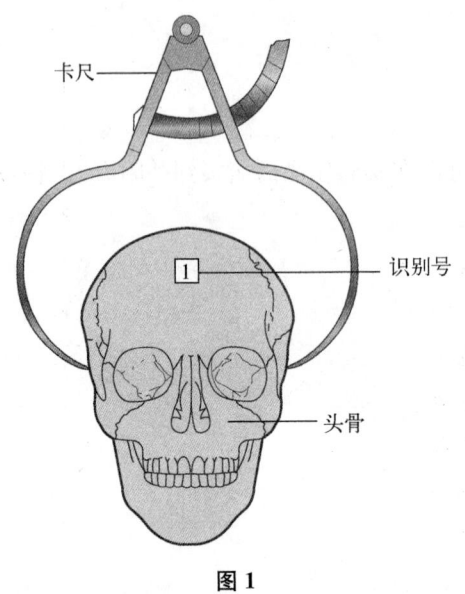

图 1

2. 你回到房间。
3. 用卡尺从不同角度测量一个头骨(图 1)。
4. 将结果记录在一张纸上。
5. 对另一个头骨重复步骤 3—4。
6. 用量角器从一个骨盆内部对其进行测量(图 2)。

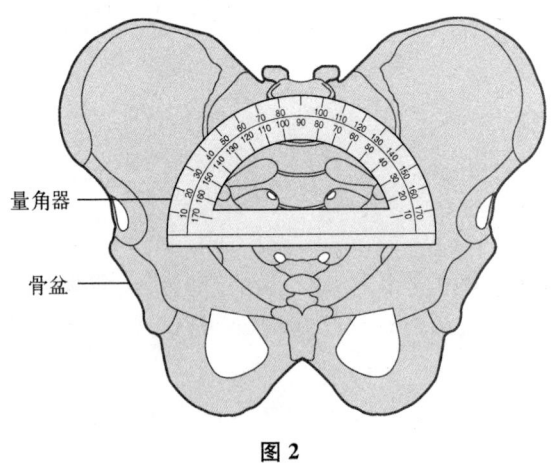

图 2

7. 将结果记录下来。
8. 对另一个骨盆重复步骤 6—7。

9. 用直尺和卡尺测量所有的骨头。如有必要可使用量角器。

10. 将结果记录下来。

11. 利用法医骨科学手册和人体解剖学手册将你对性别的判断写在数据表中。

12. 将答案与同伴的记录做对比。

数 据 表

	1	2	3	4	5	6	7	8
男性还是女性骨头								

实验观察

1. 你是如何区分男、女头骨的？
2. 你是如何区分男、女骨盆的？
3. 男、女的上肢骨和腿骨有何不同？
4. 你对骨头性别的判断是否正确？
5. 这些技巧对破案有何帮助？

我们的发现

请参见本书附录中"我们的发现"。

实验 20　破解旧案

简　介

　　1991 年,一具在自然条件下保存完好的木乃伊在靠近奥地利和意大利边境的阿尔卑斯山区被人发现。由于该尸体是在阿尔卑斯山的奥扎尔地区发现的,并且完全被冰冻起来,于是人们给他起名为冰人"奥茨"(Otzi)。今天这具男尸及在其周围发现的史前人工制品在意大利北部的一家博物馆中展出。在法医们的帮助下,人们对尸体进行检查并且推测其年龄、性别和死因以及其他法医学事实。可以说没有法医学的帮助,人们对这具尸体的了解还将留有许多未解之谜。

　　在本实验中,你将依靠在前面学到的法医学知识对冰人的生前和死后状况进行研究。

实验时间

大约 4 个小时

实验材料

- 能上网的计算机
- 钢笔

- 纸
- 制作3-D模型的所有材料(如黏土、胶水、纸等)

安全提示

遵守互联网的有关规定,在成年人监督下浏览网页。请仔细阅读并遵守本书"实验前必读"中的"安全准则"。

实验步骤

1. 在网上查找有关冰人的信息。
2. 将收集来的信息填入数据表。
3. 给冰人和在他周围发现的史前人工制品制作3-D模型。

数 据 表

木乃伊是在哪里找到的?	
木乃伊距今多少年	
死者的年龄?	
死者的性别?	
死者的宗教信仰是什么?	
可能的死因?	
木乃伊周围有哪些史前人工制品?	
描述木乃伊上面的标记或身体特点	
关于其活着时候的信息科学家了解多少?	
关于其死亡时候的信息科学家了解多少?	
通过木乃伊我们对其生活的社会了解多少?	
哪些技术被用来研究木乃伊?	
考古学家对冰人的研究有何作用?	
放射线学专家对冰人的研究有何作用?	

续　表

病理学家对冰人的研究有何作用？	
植物学家对冰人的研究有何作用？	
人类学家对冰人的研究有何作用？	
科学家对于冰人还有哪些未解之谜？	

实验观察

1. 科学家们是如何判断这具木乃伊的年龄、性别、宗教信仰和死因的？
2. 科学家们从史前人工制品上了解到哪些信息？
3. 科学家们在尸体上发现了哪些痕迹和特点？
4. 法医学在对冰人的研究中有哪些用处？

我们的发现

请参见本书附录中"我们的发现"。

附 录

实验环境的设置

本书中的实验都是根据实验时所使用的材料和设备进行分类的,分类如下:

- "学校实验"标题下的实验,使用的设备和材料都只能在实验室中找到。标有"学校实验"的实验必须在教师或另一个成年人的监督下进行。
- "家庭实验"标题下的实验所使用的材料都是家中常备或日常使用的东西。这些实验只需要在有人监督的情况下在家中进行。
- 分类在"户外实验"下的实验,既可以在学校进行也可以在家中进行,只需要有人监督即可。

学校实验

实验2　提取指纹

实验5　土壤分析

实验8　头发分析

实验10　DNA提取技术

实验12　人工合成尿液分析

实验14　金属的焰色反应

实验17　测定人造血液的类型

实验18　自制测谎仪(也可以在家中进行)

实验19　法医体格学

家庭实验

实验 1　研究和比对指纹
实验 3　测试纺织品样本
实验 4　采用色层分析法鉴别色素
实验 6　破译信息
实验 7　检验测谎术的准确性
实验 9　鉴别玻璃和塑料
实验 11　粉体分析
实验 13　牙印模与鉴定
实验 15　笔迹分析
实验 16　鉴别其他印记
实验 18　自制测谎仪（也可以在学校中进行）
实验 20　破解旧案

户外实验

实验 4　采用色层分析法鉴别色素（样本取自户外，但实验在室内完成）
实验 5　土壤分析（样本取自户外，但实验在室内完成）

我们的发现

实验 1　研究和比对指纹

1. 是的。由于每个人的指纹都与众不同，因此不同人的指纹之间存在明显的差异。

2. 答案会有所不同，但是会包括弓形纹、箕形纹、斗形纹和其他类型。

3. 指纹的重要性在于它能用于识别不同个体，没有两个人的指纹是一模一样的。另外，人在接触物体表面时都会留下指纹。

4. 有时犯罪现场并没有留下指纹，或是指纹不清晰，同时，罪犯也可能戴着手套作案。当有人曾经在现场出现过，此时指纹只能证明他曾经到过那里，但并不能说明他就是罪犯,还需要其他证据加以辅助才行。

实验2　提取指纹

1. 在使用烟熏法之前,圆珠笔上的指纹是肉眼看不到的或不清楚,在使用该法之后,指纹变得清晰可见。

2. 在使用烟熏法之前,滤纸上的指纹是肉眼看不到的,在使用该法之后,指纹变得清晰可见。

3. 不被人注意的隐约指纹通过使用正确的显影剂可以清晰地呈现出来,并用于破案。

4. 答案会有所不同,但是可能包括悬液剂、荧光剂和真空金属镀膜。

实验3　测试纺织品样本

1. 人造丝燃烧的速度最快,但也与样本质量有关。

2. 醋酸纤维和尼龙会熔化。

3. 有些织物燃烧后留下灰烬,但其他的只剩下绒状残渣,还有的只剩下小硬珠子。

4. 因样本不同而答案有所不同。

实验4　采用色层分析法鉴别色素

1. 不,因为每个牌子所用的色素粒及每种色素粒的含量不完全相同。

2. 色层分析法可用来分析文件和书写墨水的出处,有助于确定疑犯或确定可以接触到这些材料的人员。

3. 因所选树种不同而答案有所不同。虽然树木所含的色素粒有些是相同的,但由于季节和树种的不同,色素粒的颜色也存在差异。

4. 答案会有所不同,但是应包括下列内容:分析树叶色素粒有助于确定疑犯或判断物体是否曾经被移动。对疑犯的衣服也可以做测试以查明是否含有树叶色素粒。

实验5　土壤分析

1. 答案会有所不同。

2. 答案会有所不同。

3. 如果土壤呈碱性或酸性,那么某些植物便无法生长。pH 值的测定还有助于鉴别土壤来源,以便确定疑犯或是判断尸体是否被移动过。

4. 答案会有所不同。

5. 植物需要这些养分来促进细胞生长、光合作用和呼吸作用。

6. 答案会有所不同。

实验6 破译信息

1. 信息为:Seven Ships Leave Today.

2. 信息为:This Code Was Easy to Solve.

3. 答案会有所不同。

4. 答案会有所不同。

实验7 检验测谎术的准确性

1. 如果实验方法正确,那么答案是肯定的,因为回答者对于问题的回答是否真实可以观察到,他们的反应可以用来判断他们对其他问题的反应,并且还可以用来查找行为上的相似处。

2. 如果实验方法正确,那么答案是肯定的,因为回答者对于问题的回答是否真实可以观察到,他们的反应可以用来判断他们对其他问题的反应,并且还可以用来查找行为上的相似处。

3. 答案会有所不同。

4. 答案会有所不同。

5. 在对证人、疑犯和受害者提问的最初阶段,这些仍然可以用来判断该人是否在说谎,以保证后续调查的进行。

实验8 头发分析

1. 虽然答案会有所不同,但是应该是肯定的结果。它能让你鉴定哪些头发属于受害者,哪些属于疑犯。

2. ① 答案会有所不同。

② 答案会有所不同。

③ 答案会有所不同。

④ 答案会有所不同。

⑤ 答案会有所不同。

3. 根据结果答案会有所不同,但精准程度各异。样本与在犯罪现场找到证据相匹配。

4. 答案会有所不同,但是包括用于判断健康状况和营养不良。

实验9 鉴别玻璃和塑料

1. 答案会有所不同。

2. 答案会有所不同。

3. 计算密度有助于鉴别样本是玻璃还是塑料,因为二者的密度不同。

4. 它有助于鉴别不同的证据,如果疑犯的衣服上有玻璃碎屑,而现场又有玻璃被打碎,那么专家可以对这两种玻璃样本进行比对实验。

实验10 DNA 提取技术

1. 从某种方式来看,实验的过程相类似,因为所有的生物都含有 DNA,但具体到每样东西,其 DNA 又不相同,人类的 DNA 远比草莓的 DNA 复杂,你也无法挤压人体组织的 DNA,所以只能采用更少破坏力的方法。

2. 人体大部分细胞中的 DNA 都相同,但是血液细胞没有细胞核而其他一些细胞则可能含有变异基因。

3. 头发和皮肤样本最有用。

4. 调查人员可以将在现场提取的、与受害者 DNA 不同的 DNA 样本和疑犯的 DNA 样本相比对,也可以对受害者的 DNA 样本进行研究以便区别于罪犯的 DNA。他们也可以在尸体已经腐烂的情况下用 DNA 来确认死者的身份。

实验11 粉体分析

1. 科学家可以从测试的样本中排除日常用品。

2. 可能是玉米淀粉。

3. 可能是苏打粉。

4. 答案会有所不同,但是应包括红外吸收光谱法。

实验12 人工合成尿液分析

1. 因样本不同而答案会有所不同。

2. 样本1、4、5含有蛋白质,其他问题答案会有所不同。

3. 答案会有所不同。

4. 样本1、2、3和5含有葡萄糖,其他问题答案会有所不同。

5. 这可以用来分析受害者或疑犯的尿样。

6. 尿样分析可用于尿检或体检。

实验13 牙印模与鉴定

1. 答案会有所不同,但结果应该是肯定的,因为比对牙印模可以发现答案。

2. 答案会有所不同。

3. 法医可以用此方法鉴定腐烂或烧伤的尸体,也可用其来检测受害者或疑犯身上的咬痕。

实验14 金属的焰色反应

1. 答案会有所不同。如果答案否定,样本可能被污染。

2. 答案会有所不同。

3. 它有助于鉴别在犯罪现场或疑犯身上找到的金属样本,也可用于鉴定凶器。

实验15 笔迹分析

1. ① 答案会有所不同。

② 答案会有所不同。

③ 答案会有所不同。

④ 答案会有所不同。

⑤ 答案会有所不同。

2. ① 答案会有所不同。

② 答案会有所不同。

③ 答案会有所不同。

④ 答案会有所不同。

⑤ 答案会有所不同。

3. 答案会有所不同。

4. 是的,即使有人故意改变自己的笔迹,专家们还是能确认文件出自何人之手,因为有些特别之处即使是书写者自己也会意识不到。另外,改变自己的笔迹会使文件的书写出现前后笔迹不一致的问题。

实验16　鉴别其他印记

1. 答案会有所不同。

2. 答案会有所不同。

3. 答案会有所不同。根据鞋印的大小,警方可以推测罪犯的身高。这有助于破案。

实验17　测定人造血液的类型

1. 因样本不同而答案会有所不同。

2. 通过血型的配对来决定。

3. 由于只有4种基本血型,因此当几个人的血型都一样的时候,还需要做更多其他的检测。

4. 当在犯罪现场提取的血型不止一种时,血型检验有助于确定疑犯是否曾在现场出现过。

实验18　自制测谎仪

1. 答案会有所不同。

2. 答案会有所不同。

3. 专业测谎仪能测试多项反应,结果更准确。

实验19　法医体格学

1. 女性的下颚骨比男性更圆滑。

2. 女性的骨盆比男性更宽也更圆。

3. 男性的四肢更长、更粗壮。

4. 答案会有所不同。

5. 这种检查可用于下列情况:尸体在多年之后才被发现、冷冻的尸体重被检验、尸体高度腐烂。

实验20　破解旧案

1. 专家们通过研究冰人的骨骼和他周围的人工制品得到答案,他们也还可以使用其他推断年代的方法。

2. 可以判断冰人的年龄、死亡方式和其他信息。

3. 专家们可以了解在死亡前后冰人还受过哪些伤,或者判断其死因。

4. 这需要法医的调查,如纺织物测试、骨骼研究和身高的推测。

法医篇

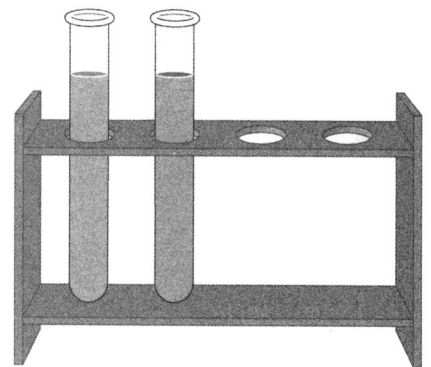

简 介

几乎每个人都喜欢看推理小说,而推理小说的精髓就在于法医科学。法医学的研究内容主要包括对法庭上所呈证据的分析和解释。不同于那些纯理论学科,法医学是一门应用科学,它通过科学理论的应用来达成某一明确的研究目标。在现实的工作中,法医致力于发现当时在犯罪现场所发生的事情。他们要通过寻找犯罪现场的实际物证,并推断物证与犯罪行为的联系,才能进一步得出论断。希望与中学的教师和学生共同分享一些法医学中较新的且已被证实的课堂实验。

将法医学引入课堂能够很好地提升学生的科学兴趣,培养其批判性思维。法医学现今之所以能够如此风靡,一部分原因是媒体的宣传普及。"犯罪现场调查效应"是一档案件侦破节目,其中描述了法医是如何工作的。正是这档节目使学生们认识了这个学科。虽然这类犯罪剧的描述并不是完全准确,但是它们的确反映出科学在解决难题时的作用。而这类节目也使学生意识到科学对现今世界的重大意义。

对于想将各种学科进行综合传授的教师来说,法医学无疑是一个理想的载体。法医学涵盖各种学科,包括地理知识、物理、化学、生物学及解剖学和生理学知识。在法医的工作中,这些学科领域不是孤立的,而是相互联系、相互依赖的。

法医学借助的是科学方法,因此它是以探究为基础的学科。学生要仔细阅读,展开调查,大胆假设,分析思考并且时时探究。而一旦他们将数据收集完毕,就要开始进行分析,通过演绎推理得出结论,并将结果与他人分享。法医为了调查案件会利用很多标准实验技术来实施实验,而学生也相应地要使用一些科学实验仪器,如显微镜、玻璃器皿、天平和加热盘等。

在本篇中，我们会给教师和学生提供20个新的科学实验。这些实验也会对法医学进行合理而有趣的介绍。实验包括了很多学科领域。在"对香蕉做尸体解剖"实验中，学生要充当病理学家的角色，对"受害人"所遭受的不法行为进行调查，对死因得出结论，并缝合"尸体"。"几种碳水化合物的特性"的实验属于部分探究，在实验过程中，学生要自拟实验报告来区分淀粉、纤维素和糖原。还有全面探究，比如"冷却的速度"实验，就要求学生通过自己设计实验来验证躯体在空气中的冷却速度较快还是在水中较快。其他的题目还包括放射性同位素、鞋印、线粒体基因、类证据的证据力、DNA、血滴溅落、比重、土壤鉴别、色谱分析法、演绎推论、血液推定测试、铅中毒、微量物证和纺织纤维。

使学生对一个学科产生兴趣的最好办法便是使其了解所学知识的有用性。通过亲身体验法医学的精妙，学生能够在课堂上体会到学习与日常生活的联系。我们希望学生们一旦接触到科学，就能长久培养起对这一领域的兴趣。

实验 1　对香蕉做尸体解剖

题　目

尸体解剖有助于我们了解死因。

简　介

尸体解剖，也称死后检查，是对尸体进行的复杂检查。调查人员通常会借助尸体解剖来了解死者的死亡原因和死亡方式。法医就是进行尸体解剖的专业医生。当人们怀疑死者的死亡原因可能与犯罪相关，或是在医学上对死因无法作出判断时，尸体解剖就成为必然。

尸体解剖的第一步是对尸体表面进行研究以寻找蛛丝马迹，并识别出伤口或某些特殊标记。接下来要做的则是从死者的肩膀开始，向下到胸腔，一直到耻骨联合处做 Y 切口。当心脏和肺部以上的肋骨篮被移开后，心脏、肺以及其他器官就可以被取出加以检查和称重。法医对死者胃内容物也会进行检查，以判断死者生前最后一顿饭吃了什么，以及大概的进餐时间。从各个器官上取下的组织标本以及体液都会被收集和保存起来。为了检查死者的大脑，人们还会用锯子将头骨后部锯开。当尸体内部全被检查之后，死者的胸腔和腹腔会被重新缝合，头骨也回复原位，头皮也被缝合在一起。

在本实验中，你将扮演通过仔细的尸体解剖来揭开死因的法医的角色。

实验时间

55 分钟

实验材料

- 由教师准备好的"尸体"——香蕉
- 纸巾
- 放大镜
- 解剖刀
- 探针
- 有齿血管钳
- 持针器
- 剪子
- 手术缝线
- 电子秤或三杆式天平
- 卷尺或米制直尺
- 实验记录本

> **安全提示**
>
> 在使用解剖刀、针头和其他锐器时一定要当心。请仔细阅读并遵守本书"实验前必读"中的"安全准则"。

实验步骤

1. 如果受害人(被解剖对象)的名字已知,请将其登记在解剖报告书上,同时标明解剖时间和法医姓名。
2. 仔细打开包裹尸体的袋子(实验中用的是纸巾)。

3. 仔细检查袋子里面或死者衣物表面可能存留的任何东西以了解死者的死亡方式。利用放大镜寻找一切可能的蛛丝马迹,并将其记录在解剖报告书的"微量物证"一栏中。

4. 脱去死者衣物。

5. 检查尸体表面,在解剖报告中写明是否有胎记、伤疤、文身或伤口并对其进行测量(精确到毫米),同时记录在报告中。你还应将这些胎记、伤疤、文身或伤口的位置在解剖报告书的图表处标注出来。

6. 测量和记录死者体重。

7. 测量和记录死者身高。

8. 从死者肩膀开始向下到胸腔中间一直到耻骨联合处做 Y 切口(参见图 1)。

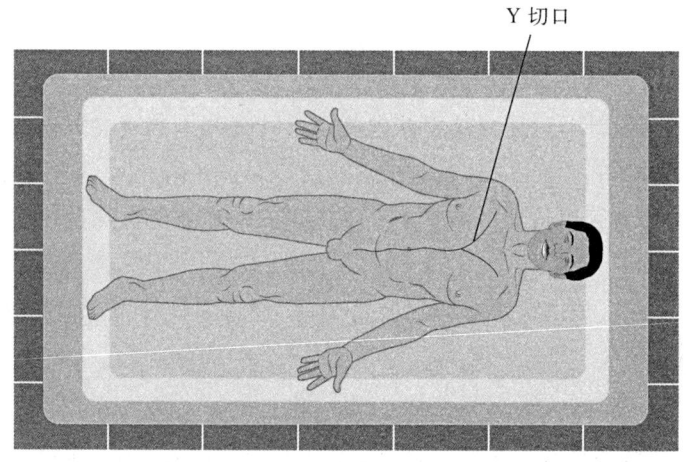

图 1

9. 检查尸体内部,并记录一切可能帮助你确定死亡原因的证据,如内脏所受的伤害、挫伤、出血或伤口等。

10. 检查死者头部表面并记录检查结果。

11. 利用解剖刀在死者头骨后部做切口,位置大约在头骨后部下方两耳连线处,打开头骨后寻找更能表明死因的证据并加以记录。

12. 在对尸体进行彻底的检查后,要进行头骨和 Y 切口的缝合。具体方法如下:

① 从器械包中将带线弯针取出并将线拉直。

② 将持针器放在距弯针针尖 2/3 处。

③ 用有齿血管钳轻轻地将切口一侧的皮肤拉起。
④ 将针头放在距切口 5—10 毫米的皮肤外侧。
⑤ 翻腕将针穿过皮肤（从皮肤外侧到皮肤内侧）。

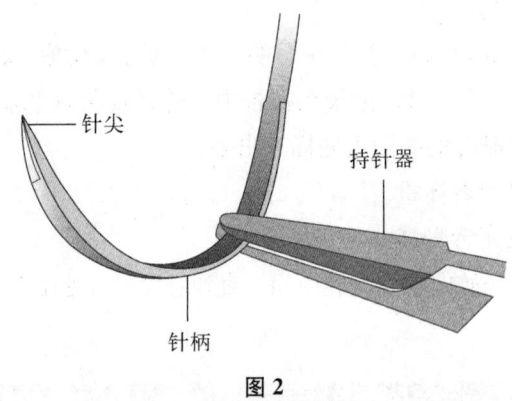

图 2

⑥ 持针器松开弯针后再从皮肤内侧将弯针夹起。翻腕让针完全穿过皮肤，将有齿血管钳松开。

⑦ 用有齿血管钳将切口另一侧皮肤拉起。翻腕让弯针穿过皮肤（从皮肤内侧到皮肤外侧）。

⑧ 松开弯针，然后在皮肤外侧再拿起针，翻腕让针穿过皮肤后留 5 厘米的线尾。松开皮肤。

⑨ 在缝合处打结：

将缝合线绕着持针器绕两圈，再用持针器夹起缝合线的线尾穿过线圈（这是第 1 个结），轻轻地将缝合线拉直。重复上述步骤打结（如果你使用持针器打结有困难的话，可以用手打一个最基本的平结）。最后剪断缝合线。

⑩ 用同一根弯针和缝合线重复步骤①—⑨，直到整个切口缝合起来。如果缝合线不够，可以再打开一个器械包。

分 析

1. 你在死者衣服上发现了什么样的蛛丝马迹？
2. 如何利用尸体解剖过程中收集到的证据帮助破案？
3. 你在死者身体表面发现了哪些标记？

4. 死者身上诸如伤疤或文身之类的标记如何帮助破案？
5. 你在打开死者体腔时有哪些发现？
6. 你在打开死者头骨时有哪些发现？
7. 根据你的发现，你认为死亡原因是什么？
8. 你认为受害人的死与犯罪有关吗？解释你的理由。

解 剖 报 告 书

被解剖者姓名	日　　　期	解剖者姓名
微量物证	标记、伤疤、文身或伤口以及位置 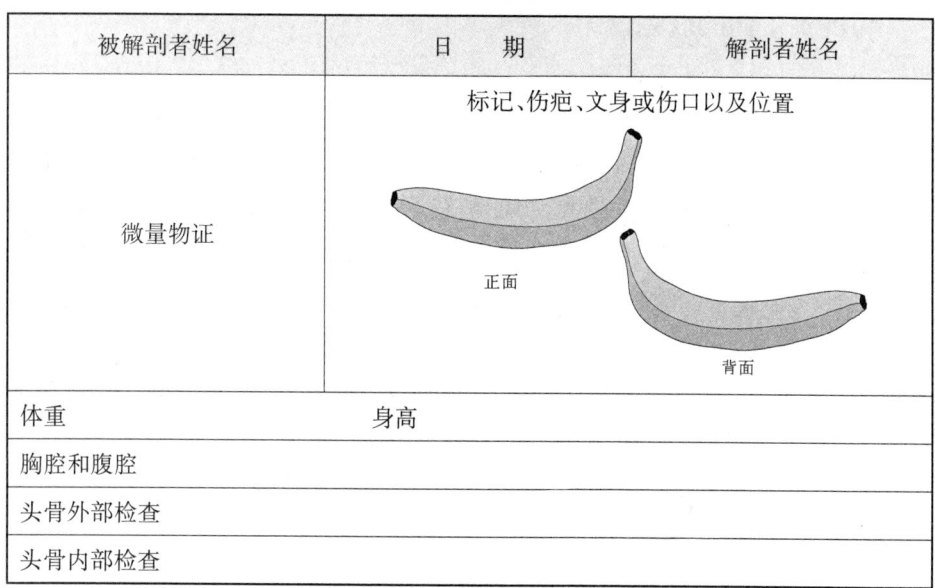 正面　　　　　　　背面	
体重	身高	
胸腔和腹腔		
头骨外部检查		
头骨内部检查		

实验中将会发生什么？

法医进行尸体解剖时有两个目的：确定死亡原因和死亡方式。死亡方式可分为五种：自然死亡、死于事故、他杀、自杀和死因不明。死亡原因则包括身体伤害、身体条件或者导致死亡的疾病，如心脏穿刺或心脏病引发的心衰。

法医的工作就是确定死亡原因。由于在某些情况下死亡原因难以确定，因此需要对多种因素加以考虑。法医通常会借助于人死后身体所发生的可预测性变化来估算死亡时间。这些变化包括体温、尸斑、尸体僵硬程度和胃容物。

通常人体死亡后的温度会以可预测性的速度下降，直到与气温保持一致。而其下降的速度与气温、风力、衣物多少，甚至死者的体重有关。尸斑是指在心脏停止跳动，血液凝固后在尸体上出现的紫红色斑块。如果死者死时面部朝上，那么尸体的背部和臀部会出现尸斑。尸体僵硬度是指尸体在死后 2—6 小时后开始变得僵硬,最初发生部位是脖子和下颌。在死亡 24—80 小时之后(这与具体环境有关)尸体不再继续僵硬,肌肉开始松弛。对于胃容物(包括肠道)的检查以及食物在消化道内所处位置的判断,有助于法医确定死者最后一次的进餐时间。这些证据结合在一起为确定死亡时间提供帮助。

与现实生活的联系

尸体解剖中的发现对确定死亡原因至关重要。尸体上的任何蛛丝马迹,如人类或宠物毛发、穿的衣物、地毯或车内的纤维、土壤和灰尘颗粒等,都有助于我们了解受害人死亡时所处的地点。此外,受害人身上受的伤也能帮助我们确定死因。对身体各个器官的检查能告诉法医们死者究竟是自然死亡还是被谋杀的。比如,心脏血管的收缩或肺部血块表明死者死于某种疾病,颅骨内出血表明死者死于头部伤,舌骨(位于颈部的一块小骨头)受伤则表明死者是窒息死亡。通过对尸体解剖过程中种种线索的检验审查,法医们得以了解一个人在生命的最后几小时里究竟发生了什么事。

想要了解更多吗?

参见附录中"我们的发现"。

实验2　几种碳水化合物的特性

题　目

通过化学测试可以区分糖原、纤维素和淀粉。

简　介

你在一家法医实验室工作。该实验室在一次火灾中丢失了所有记录，因此要重新建立用以区分不同物质的实验指南。你的工作是要确定采用什么样的化学测试来区分淀粉、纤维素和糖原这3种碳水化合物。淀粉和纤维素存在于植物当中，而糖原则存在于动物身上。成功地对这3种碳水化合物进行区分，有助于人们将植物组织和动物组织相区别。

你对这3种物质已经有了一些基本了解：碳水化合物是来自葡萄糖长链的复杂的分子结构。植物利用淀粉来贮存葡萄糖分子，这种有韧性的软质化合物存在于植物的根部和果实当中。植物也可以产生纤维素，这是一种在结构和作用上与淀粉不同的葡萄糖聚合物。与柔韧软质的淀粉相比，纤维素质地坚硬，是植物细胞的组成成分（纤维素使木质具有硬度）。糖原是一种产生于动物细胞中的淀粉，与植物淀粉相比，糖原相对较软，主要用以贮存葡萄糖分子。

法医实验室的目的是要建立一套程序或实验方法来区分这3种碳水化合物。你的工作就是确认这3种不同分子对不同化学测试的反应。具体实验包括：3种分子对碘的反应，3种分子在热水中的反应以及它们在淀粉酶中的分解。实验结束后,你要写出详细的实验步骤来说明 3 种不同碳水化合物的区分方法。

实验时间

90 分钟

实验材料

- 淀粉(1 汤匙)
- 纤维素粉(1 汤匙)
- 糖原粉(1 汤匙)
- 蒸馏水(大约 50 毫升用以制作溶剂)
- 水源
- 碘溶液(鲁哥氏染色液)
- 本立德溶液
- 淀粉酶溶液
- 1 把药匙
- 加热盘
- 1 个 250 毫升烧杯
- 3 支试管
- 1 个试管支架
- 1 个手持试管夹
- 吸管
- 1 支试管刷
- 1 个试管夹
- 3 条标签
- 实验记录本

> **安全提示**
>
> 使用化学物质时应佩戴防护眼镜,小心使用加热盘和热水。请仔细阅读并遵守本书"实验前必读"中的"安全准则"。

实验步骤

1. 测试3种碳水化合物对碘的反应。方法如下:
① 给3支试管贴上标签,分别标明淀粉、纤维素和糖原。
② 给3支试管分别注入大约1/4的蒸馏水。
③ 在3支试管内分别加入半药匙不同碳水化合物粉剂,轻轻摇匀。
④ 分别在3支试管内滴入几滴碘溶液,轻轻摇匀,观察每支试管内的颜色变化并将结果记录在数据表1当中。
⑤ 清洗试管。

2. 测试3种碳水化合物在热水中的反应,并观察哪种物质溶于热水。方法如下:
① 将半药匙不同的碳水化合物粉剂分别放入试管中。
② 每支试管中加入几滴蒸馏水并摇匀混合。
③ 将试管放入热水中加热5分钟。
④ 用试管夹将试管从热水中取出并搁置在试管架上。观察试管内的粉剂是否溶解并将结果记录在数据表1当中。

3. 试管冷却后观察每支试管中的碳水化合物是否能够被淀粉酶分解。方法如下:
① 在每支试管中加入1滴胰腺淀粉酶溶液。
② 等待15分钟。
③ 碳水化合物分解后变成糖。利用本立德溶液测试每支试管中是否有糖形成。方法如下:
A. 每支试管中倒入5毫升本立德溶液。轻轻摇动混合。
B. 将试管在装有开水的烧杯中加热3分钟。
C. 用手持试管夹将试管从水中小心取出并搁置在试管架上等待冷却。

实验2 几种碳水化合物的特性

D. 观察试管内的颜色变化。出现绿色、红色或黄色时表明试管内有单糖形成。图1中左侧的试管表明本立德实验呈阳性。将实验结果记录在数据表1中。

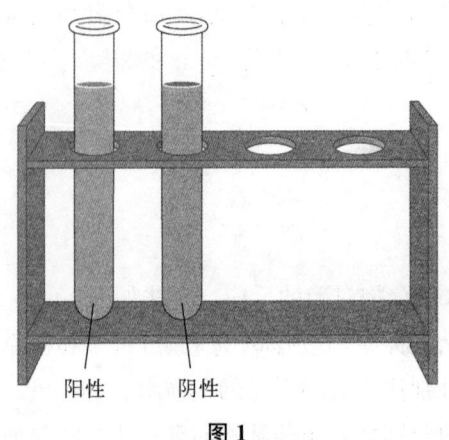

图 1

数 据 表 1

碳水化合物种类	对碘溶液的反应	在热水中的可溶性	淀粉酶分解实验（每个本立德实验）
淀 粉			
纤维素			
糖 原			

分 析

1. 描述每种碳水化合物对碘的反应。
2. 哪种碳水化合物溶于热水？
3. 哪种碳水化合物可以被淀粉酶分解？
4. 在数据表2中列出详细的实验步骤以明确区分3种碳水化合物（实验步骤是一套用以说明如何在实验室中进行操作的说明）。

数 据 表 2

鉴别淀粉的实验室步骤

续 表

鉴别纤维素的实验室步骤
鉴别糖原的实验室步骤

实验中将会发生什么?

所有的碳水化合物都是来自葡萄糖链的分子,在生物学上意义重大。它们之间除了共性之外还有着各自不同的化学特性。化学测试可以帮助我们对不同的碳水化合物加以区分。在本实验中,有两次实验会产生颜色上的变化。

在碘溶液实验中,加入几滴溶液后,装有淀粉的试管内出现深蓝色,而装有糖原的试管内则出现蓝棕色。纤维素对碘溶液没有反应,因此试管内的溶剂仍然是最初的黄褐色。

本立德实验的结果是试管内出现黄色、红色和绿色。这是本立德溶液对葡萄糖和其他单糖的阳性反应。淀粉与糖原可以被淀粉酶分解变成单糖,因此本立德实验的结果为阳性。在可溶性实验中,我们通过视觉观察可以判断这3种碳水化合物是否溶于热水,结果是淀粉和糖原溶于热水而纤维素则不溶于热水。3 种测试方法结合在一起,可以帮助我们判断一个含有碳水化合物的组织样本究竟是来自植物还是来自动物。

与现实生活的联系

法医的工作就是要找出解决问题的方法,鉴别出不同的物质并判断该物质源自哪里。如果是来自植物或动物,那么化学测试有助于我们对其进行分析。为了确保实验结果准确,供法医通过化学分析进行调查的实验室有着严格的操作规范并且必须遵守执行。

法医实验室中进行的实验能让我们破解犯罪案件。有这么一个案例,法医实验室曾受命对死于他杀的受害人的胃内容物进行检查,以了解受害人死前的活动。包括碘实验、本立德实验和胰腺淀粉酶实验在内的化学测试表明，死者胃内存有大量淀粉。

  这一证据使办案人员意识到，也许受害人刚刚在他所喜爱的一家餐馆吃过他们的招牌菜烤土豆。在对这家餐馆进行调查时，餐馆内的其他顾客及服务员也都记得受害人，并且能够说出和他一起共进晚餐的客人的体貌特征。有了这条线索，再加上办案人员的努力，凶手最终被绳之以法。

想要了解更多吗？

参见附录中"我们的发现"。

实验 3　制作鞋印模型的技术

题　目

犯罪现场调查员利用熟石膏和牙科用硬石膏制作鞋印模型。

简　介

罪犯进入和离开犯罪现场最常用的方法就是步行。刑事专家通常就是通过研究现场地表上的痕迹来获得破案信息的。无论罪犯是穿着鞋袜还是赤足行走,都能在地板之类的坚硬地表上留下浅浅的痕迹,而在潮湿松软的土壤上走过时则会留下鞋印或压痕。

罪犯留下的鞋印为犯罪调查提供了重要的线索,它们能告诉办案人员罪犯进出犯罪现场时的路线。此外,罪犯穿着的鞋子通常会粘有来自其他地方的一些东西,而这些东西会帮助警察知道罪犯都去过哪里。鞋印还能提供许多有关罪犯所穿鞋子的信息。

每只鞋子因其磨损程度不同而彼此各异。因此每双鞋子留下的鞋印都可以和特定的鞋子进行比对,从而使人们将其与犯罪证物相联系。此外从鞋印还能判断出罪犯的身高和体重。胖子留下的鞋印比瘦子深,而高个子人的步伐间距也比小个子人的间距要大。

制作鞋印模型的方法有许多。在本实验中,你将会比较分别使用熟石膏和牙科用硬石膏制作鞋印模型的效果究竟孰优孰劣。

实验时间

第1天：45分钟
第2天：45分钟

实验材料

- 用密封塑料袋包装的1公斤的牙科用硬石膏粉
- 用大号密封塑料袋包装的1.3公斤的熟石膏
- 3—5杯的瓶装水
- 5—10根浸在水里的小树枝或小木棍
- 3—4块约10厘米×60厘米长的纸板
- 大汤匙
- 滑石粉
- 放大镜
- 洗衣刷
- 纸巾
- 水源
- 实验记录本

安全提示

请仔细阅读并遵守本书"实验前必读"中的"安全准则"。

实验步骤

第一天

1. 跟随教师到留有脚印的户外。
2. 仔细研究两个脚印，并从脚印上小心拿开石块、树枝或其他碎屑。

3. 在两个脚印上分别喷洒一些滑石粉以防止土壤松动,这有利于保护鞋印。

4. 用长纸板在每个鞋印的周围设立挡板(参见图1)(挡板能防止熟石膏或牙科用硬石膏在倾斜过程中溢出)。

5. 先使用牙科用硬石膏制作鞋印模型。方法如下:

① 将1杯水倒入装有牙科用硬石膏的密封塑料袋内。

② 揉捏塑料袋2—3分钟使石膏与水充分搅拌。

③ 检查搅拌后的石膏的硬度,通常和奶酪差不多软硬就可以了。如果不硬的话就再加一点儿水(但是如果水加太多的话,则石膏又会变得太稀)。

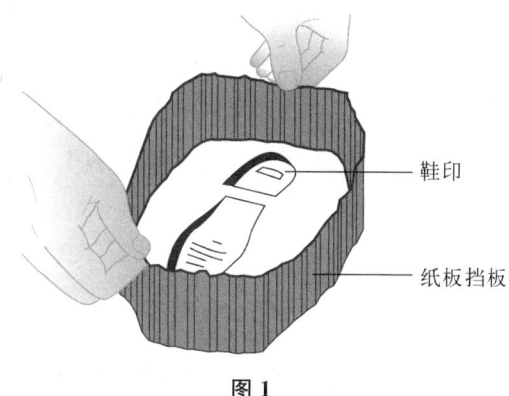

图1

④ 因为牙科用硬石膏很快就会凝固变硬,因此在倾倒时一定要动作迅速。注意不要直接倒在鞋印上以免有失精准。你可以将汤匙放在鞋印上然后向勺里倒石膏,这样石膏就会滴落在鞋印上。当鞋印的一半已经被石膏注满后,把汤匙拿开,把袋里剩下的石膏直接倒在鞋印上。石膏模型的厚度应为5—7.5厘米。

⑤ 用小木棍或铅笔在石膏表面写上你的名字和日期。

⑥ 让石膏静置30分钟以便凝固变硬,在此期间你可以从事第6步的工作。

⑦ 30分钟后,将汤匙的手柄插入距鞋印1.2厘米的地上轻轻撬起石膏模型。

⑧ 石膏模型上可能粘有土壤或草叶,此时先不要理会它们。

⑨ 将石膏模型放在室内等待24小时,使其更加坚固。

6. 用熟石膏对另外一个鞋印制作模型。方法如下:

① 在装有熟石膏的密封塑料袋中倒入半杯水。

② 揉捏塑料袋2—3分钟使熟石膏与水充分搅拌。

③ 检查搅拌后的石膏的硬度。通常和奶酪差不多软硬就可以了,如果太硬的话就再加一点儿水(但是如果加水太多的话则石膏又会变得太稀)。

④ 将熟石膏倒入鞋印中,厚度为1.2厘米。和你先前的做法一样,使用汤匙以免石膏破坏鞋印。之后在表面放置一些浸过水的小树枝或小木棍(参见图2)

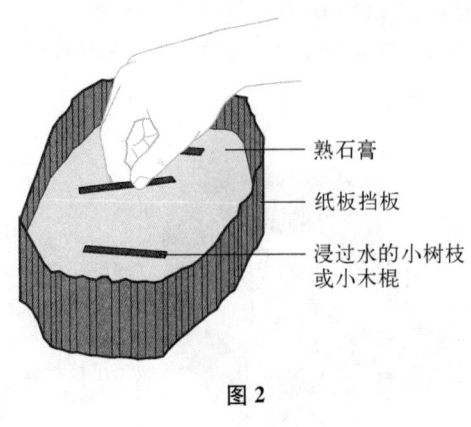
熟石膏
纸板挡板
浸过水的小树枝或小木棍

图2

（如果是干树枝的话则树枝会吸收熟石膏中的水分，使石膏易碎）。最后将其余的熟石膏倒入鞋印中，厚度至少要达到7.2厘米。

第二天

1. 仔细检查每个鞋印模型，并在实验记录本上记录下二者间的差异。
2. 用洗衣刷蘸水将模型清理干净，再用纸巾将其拍干。
3. 再次检查每个模型，并在实验记录本上记录下是否因清洗而损坏模型。
4. 用放大镜仔细观察两个模型，寻找可能告诉我们有关鞋子特点的一些标记，如裂口、断裂或擦痕，并将其记录下来。

分 析

1. 犯罪现场调查员为什么要制作鞋印模型？
2. 在你看来，熟石膏和牙科用硬石膏哪一个更容易倾倒？为什么？
3. 哪种鞋印模型不怕刷洗？为什么？
4. 在放大镜下观察时，哪种鞋印模型提供的细节更多？为什么？
5. 请描述一下在两只模型上发现的裂口、擦痕、磨损程度或其他特点。
6. 犯罪现场调查员通过鞋印模型可以获得哪些信息？
7. 利用维恩图（参见图3）完成对两种制模材料的比较。

实验中将会发生什么？

比较理想的一种情况是：在犯罪现场发现的鞋印能让调查人员直接找到罪犯。一个清晰的鞋印通常特点鲜明，易于判读。但是，天气情况、土壤中的水汽以及土质都会对鞋印质量造成影响。黏质土因为颗粒精细而且较黏，所以比颗粒较大、较为松散的沙质土更容易留下鞋印。

对于犯罪现场调查人员来说，制作鞋印模型的好处有很多。因为模型与实

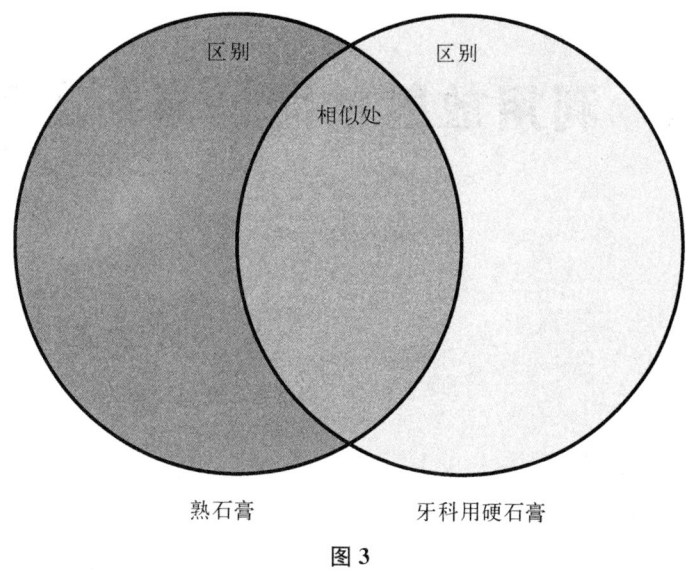

图 3

际鞋印大小一致而且逼真,因此对模型的仔细研究,能使人们对于罪犯所穿鞋子的细小裂口、擦痕以及磨损程度有全面的了解。

与现实生活的联系

过去在制作鞋印模型时,人们通常会使用熟石膏,但是现在牙科用硬石膏则更受推崇。它不仅比熟石膏硬,而且更耐用,同时对鞋印细节的反映也更精细。另外也无须用其他加固材料来支撑,因此保存时间更长。除个别情形外,调查人员在犯罪现场制作鞋印模型时的首选材料是牙科用硬石膏。

想要了解更多吗?

参见附录中"我们的发现"。

实验4　利用放射性同位素判定年代

题 目

放射性同位素以稳定的速度衰解,因此有助于判定骨骼及其他遗骸的年代。

简 介

犯罪调查的一项重要内容就是确定死者的死亡时间。科学家们常常借助尸体腐烂的程度来帮助他们确定死亡时间。但是由于温度和湿度的影响,人体组织的分解腐败速度也不尽相同。目前一项新的研究为科学家们提供了更为可靠的手段,这就是以骨骼中的放射性同位素为基础的同位素测计法。

骨骼和其他物质一样也是由原子构成的。原子的原子粒则由质子和中子两种物质构成。每种特定元素的原子的原子核中都拥有相同数量的质子,但中子数则不同。同位素就是指质子数相同但中子数不同的元素。作为拥有不稳定原子核的原子,放射性同位素以匀速分解。在分解过程中,随着母质变成拥有更加稳定形式的子体元素,原子释放出能量和亚原子微粒。在这一过程中,母质同位素的一半分解为子体元素所需的时间被称为半衰期。图1展示了母质百分比与流逝时间长短之间的关系。通过母质与子体元素之间的百分比对比,人们可以判定一份样本的年代。在本实验中,一根绳子代表的是放射性同位素,你将通过它了解同位素是如何通过放射性衰解而分解的。

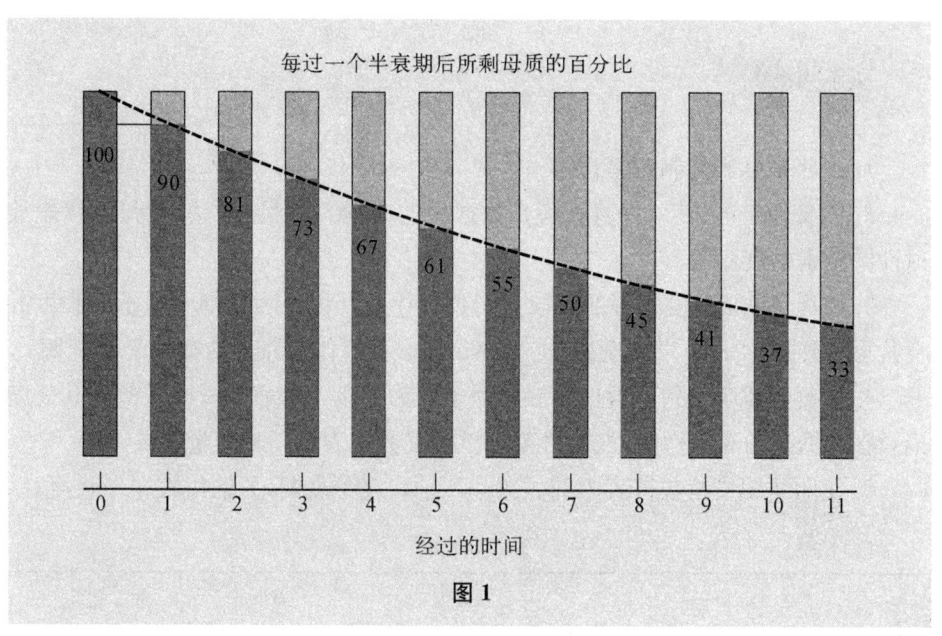

图1

实验时间

55 分钟

实验材料

- 1 根长约 1 米的绳子
- 直尺
- 坐标纸
- 实验记录本

安全提示

请仔细阅读并遵守本书"实验前必读"中的"安全准则"。

实验步骤

1. 请将数据表复制到笔记本上。

2. 测量绳子的长度,并将其写在数据表的"初始"栏目中。绳子长度代表放射性同位素的衰变期。

3. 将绳子剪成长度相等的两段并扔掉其中的一段。测量剩余绳子的长度并将其写在数据表"一个半衰期后"一栏中。绳子长度代表绳子的第一个半衰期。

4. 重复步骤3直到你再也无法将绳子剪为两段。每剪一段绳子都将其长度记录在数据表的对应栏内,如有必要可以扩展数据表以满足测量需要。

5. 用曲线图描绘数据表中的数据。X轴代表半衰期,Y轴代表绳子长度。

数 据 表

	绳 子 长 度
初始	
第一个半衰期后	
第二个半衰期后	
第三个半衰期后	
第四个半衰期后	
第五个半衰期后	

分 析

1. 描述曲线图的形状。

2. 代表放射性元素的绳子经历了几次半衰期?

3. 你为什么不再将绳子剪为两段?

4. 绳子消失了吗?

5. 如果你现在有20克的放射性同位素,那么在经历了3个半衰期后,还剩多少克同位素?

6. 如果目前你所研究的放射性同位素的半衰期是50天,那么经历3个半衰期需要多少天?

7. 如果一种放射性同位素的半衰期是 8 小时,那么 50 克的这种同位素在 32 小时后还剩多少克?

8. 科学家如何利用放射性同位素来确定受害人骨骸的年代?

实验中将会发生什么?

碳-14 是科学家们用来判断岩石以及其他古迹的年代的放射性同位素,其半衰期为 5 700 年。每经历一个半衰期,样本中碳-14 含量都会衰减一半。但就判定人体遗骸的年代而言,碳-14 的作用不大。现在法医们使用半衰期更短的放射性同位素来帮助调查,如半衰期为 22 年的铅-210 和半衰期为 138 天的钋-210,这两种同位素在自然界中随处可见。

生命体每天都在吸收各种元素,其中就包括存在于自然界当中的放射性同位素。比如铅-210 就存在于我们的血液当中,并且在人的一生中不断累积。人死后,身体不再吸收同位素,而每隔 138 天,尸体中的铅却会分解为另一种元素。在经历了两个半衰期,也就是 276 天后,尸体中 3/4 的铅同位素就会消失殆尽。通过计算骨骼遗骸中的同位素的数量,法医们能精确判定死者在一年之内的确切死亡时间。

与现实生活的联系

利用放射性同位素来判定骨骸的年代在法医学界还是一种新事物。除了铅-210 和钋-210 以外,其他同位素也一样有用。大自然中构成水分子的氢同位素和氧同位素因地区差异而有所不同。通过研究这两种同位素以及其他的元素有助于人们判定遗骸的来源。法医在实验中还经常会分析头发中同位素的比率,而头发的生长速度是每个月生长 1 厘米。对头发中同位素的分析,能告诉人们受害者在死前的最后几个月里曾经在哪里居住过,这对确定无名遗骸的身份颇有帮助。

想要了解更多吗?

参见附录中"我们的发现"。

实验 5　线粒体基因

题　目

线粒体基因可以被用来帮助确定无名遗骸的身份。

简　介

基因是细胞中的遗传物质，大部分位于细胞的细胞核中。但是作为把葡萄糖转化为能量的细胞器，线粒体也含有少量的基因。一个人的线粒体基因仅来自母亲一方。这一点与卵子和精子的形成有关。

就细胞来说，卵子属于体型较大的细胞，它不仅包含带有基因的细胞核，同时还有大量的细胞质和细胞器。体型较小、呈流线型的精子为了能快速有效的向卵子移动并与之结合，会将细胞质全部脱落。精子细胞的基因位于头部（参见图 1），而它的线粒体则存在于中段。当精子与卵子结合后，只有精子头部会进入母细胞，其余部分，包括精子尾部和含有线粒体的中段则会脱落。

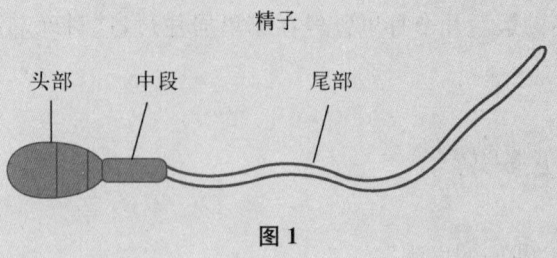

图 1

线粒体基因(mtDNA)比核基因(nDNA)小，长度只有16 500个碱基对，而核基因的长度则是300万个碱基对。遗传学专家通过对线粒体基因的研究在每个人及其家庭成员之间建立联系。

线粒体基因对分析那些年代久远，并且高度腐败的遗骸来说尤其重要。随着时间的流逝，肌肉、皮肤和脂肪都会分解腐败，没留下任何可供遗传学进行分析的东西。相反，分解速度较为缓慢的组织，如头发、骨骼和牙齿则是法医们的研究对象。虽然每个细胞只含有分别来自父母的两个核基因，但是却含有成百上千的线粒体基因。这些线粒体基因比核基因存活得时间更长，保存得也更好。当核基因的数量极其有限时，线粒体基因的作用就不可小觑了。

在本实验中，你将着手分析一件陈年旧案。比安卡(Bianca)是一名失踪一年之久的年轻女性，近日有远足者在一个悬崖的下面发现了一具骨骼残骸。从对骨骼的检验来看，这些骨骼遗骸属于一位年龄在18—33岁之间的年轻女性。研究人员还指出她的死亡时间大约是在一年前。你的工作是通过对线粒体基因的分析，判断出该具遗骸是否就是比安卡。

实验时间

55分钟

实验材料

实验记录本

安全提示

请仔细阅读并遵守本书"实验前必读"中的"安全准则"。

实验步骤

第一部分

1. 仔细检查从骨骼遗骸上提取的线粒体基因的碱基序列,同时也分析比安卡的哥哥、妹妹、父亲和母亲的碱基序列。

骨骼遗骸	
兄 弟	
姐 妹	
母 亲	
父 亲	

2. 注意这些碱基序列间的异同之处并记录在实验记录本上。

第二部分

1. 研究图2中的家谱。该家谱显示了某一特别碱基序列的遗传性。家谱上的圆圈代表女性,方块代表男性。如果某个个体的遗传碱基序列有特别之处,那么圆圈或方块就会被涂实。圆圈与方块间的连线代表二者的结合,他们的子女位于这对夫妻下方。

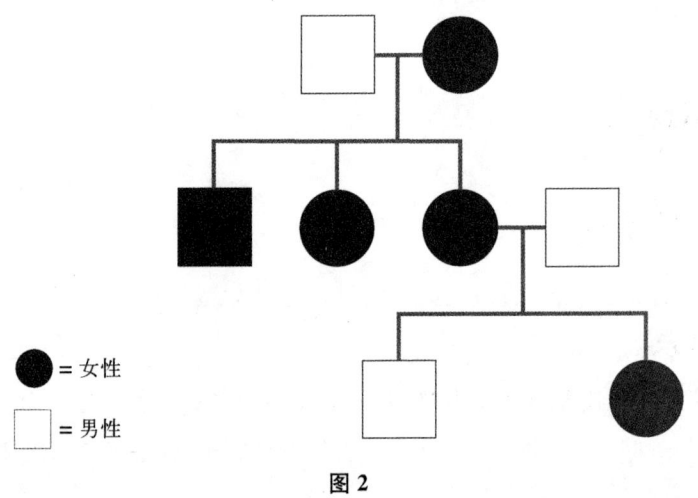

图 2

2. 在实验记录本上记录下这个碱基因序列的遗传模式,并借助它帮助你回答下面的问题。

分 析

1. 在实验步骤的第一部分:
① 遗骸的线粒体基因与比安卡的哥哥相比结果如何?
② 遗骸的线粒体基因与比安卡的妹妹相比结果如何?
③ 遗骸的线粒体基因与比安卡的母亲相比结果如何?
④ 遗骸的线粒体基因与比安卡的父亲相比结果如何?

2. 根据你对线粒体基因遗传性的了解,请给出比安卡的姨妈的线粒体基因碱基序列。

3. 请指出另一名无助于识别比安卡线粒体基因的家庭成员。

4. 在实验步骤的第二部分,你研究了图2中的家谱:
① 在家谱中,父母二人谁带有我们感兴趣的遗传基因序列?
② 在这对夫妇的3个孩子当中,谁带有目的基因发生次序,是女儿还是儿子,或是3个孩子都有?
③ 根据对家谱的分析,基因的碱基序列是通过线粒体遗传还是通过核基因遗传?

5. 图3中的家谱还没有绘制完成,请将家谱中的圆圈或方块涂实以表明比安卡家人中目的基因的发生次序。已经涂实的圆圈代表比安卡。

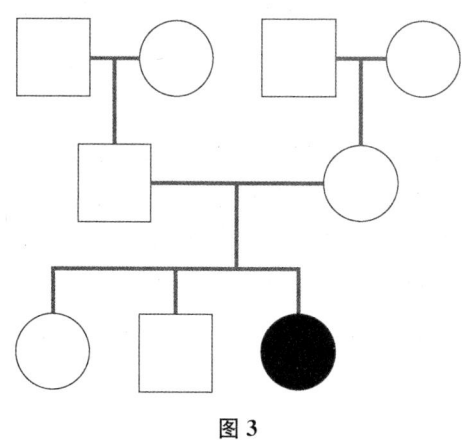

图3

6. 男性是否遗传线粒体基因？为什么？

7. 人们发现了一座可能属于苏姗娜（Suzanne）的曾祖母克拉拉（Clara）的墓穴。为了确定墓中的女性是否是克拉拉本人，苏姗娜全家已经同意捐献细胞以检测线粒体基因。为了节约时间和费用，苏姗娜研究了自家的家谱。家谱上白底带黑点的圆圈代表苏姗娜，而黑底带白点的圆圈则代表克拉拉。除了苏姗娜本人外，家里面还有9个人需要检测线粒体基因，请在家谱上标出这9个人，并且将其所代表的圆圈或方块涂实。

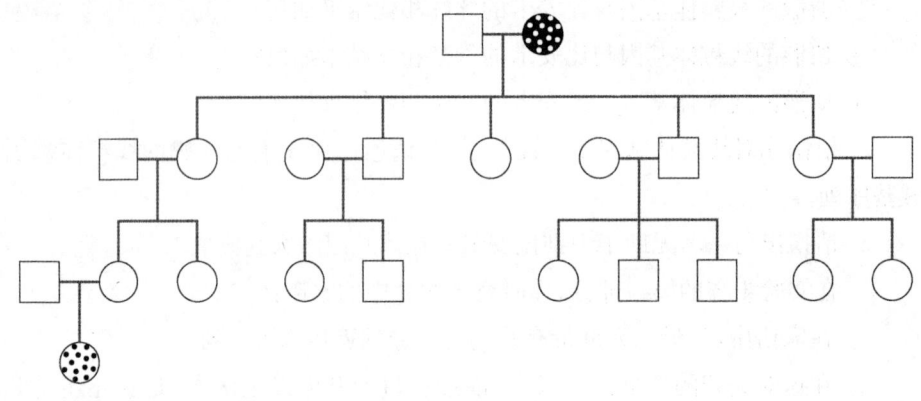

图4

实验中将会发生什么？

植物细胞与动物细胞是两种不同的细胞。细胞中的细胞核带有细胞的大部分遗传信息。构成细胞的大部分物质是细胞质，而细胞质中又充满了细胞器。线粒体作为细胞器的一种，因为含有基因而显得独一无二。与核基因相比，线粒体基因个头儿较小，只含有少量的蛋白短肽。

由于孩子们只从母亲一方继承线粒体，因此线粒体基因可以让人们将不知名的遗骸与某个家庭联系起来。因为母亲与孩子的线粒体基因完全一致，或者说极为相似，因此当调查人员怀疑一具遗骸属于某个人时，通常会要求该人的母亲、姨妈、姥姥或子女提供血液样本以检测她们的线粒体基因。之所以不检测父亲的线粒体基因，原因也很明显：那就是孩子们不会从父亲一方继承线粒体基因。

与现实生活的联系

有时候,人们在犯罪现场找到的唯一的生物学证据可能就是毛发或毛发碎屑。如果毛干中的细胞已经死亡,那么头发就不再含有DNA,但如果发根还在的话,那么人们可以从发根细胞上提取核基因进行检查。

不过,即使发干中的细胞已经死亡,人们还是能从中提取线粒体基因进行检测。在一个案件中,一名7岁的小女孩在家中遭人绑架并被谋杀。警察怀疑凶手是小女孩家的邻居,但却没有证据证明这一点。他们在对邻居家搜查时只找到了些狗毛,但是奇怪的是这个男人并不养狗。不过小女孩家倒是有一只狗。虽然找到的狗毛因为没有发根而无法从中提取核基因,但是法医们却从中提取出了线粒体基因,并且与小女孩家的狗匹配成功。这名邻居因此被判定有罪。

想要了解更多吗?

参见附录中"我们的发现"。

实验 6　利用胶体电泳技术进行 DNA 指纹鉴定

题目

胶体电泳技术是进行 DNA 指纹鉴定的一项技术。

简介

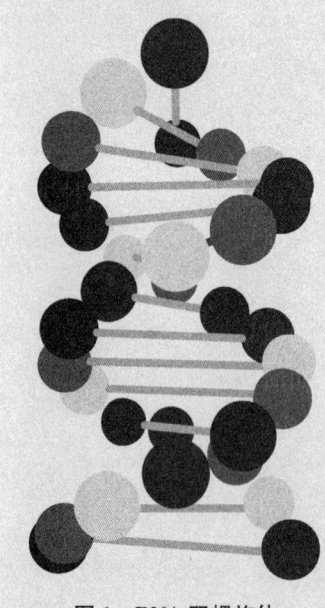

图1　DNA 双螺旋体

DNA,也称脱氧核糖核酸,是遗传信息的携带者,在几乎所有细胞的细胞核中都有这种长链分子存在。DNA 由成千上万个核苷酸组成,每个核苷酸单位包括一个含氮碱基、一个糖和磷酸基组。DNA 分子由两股互相纠缠在一起的核苷酸组成,形成双螺旋形状(参见图1)。就像一个人的指纹一样,每个人的 DNA 中的核苷酸排列方式都是独一无二的。正是由于这个原因,DNA 指纹鉴定技术可以被用来识别不同的个体。

进行 DNA 指纹鉴定的第一步,是利用限制酶将长链分子切成若干段。在利用胶体电泳技术对其进行鉴定的过程中,几段不同大小的 DNA 被琼脂糖凝胶相互隔开,利用这种方法对DNA进行分隔后,两个人的DNA排序完全相同的情况几乎为零。在本实验中,你所要做的就是完成这一胶体电泳技术的操作。

实验时间

两个55分钟

实验材料

- 0.4克的琼脂糖粉
- 5毫升的浓缩缓冲溶液
- 250毫升的蒸馏水
- 150毫升的烧杯
- 250毫升的烧杯
- 刻度量筒
- 温度计
- 电子秤或三杆式天平
- 加热盘
- 手套
- 按规格裁剪好的DNA染色样本(约2毫升)
- 微量吸管
- 吸管
- 搅拌棒
- 带有制胶盘和电泳梳的电泳槽
- 电极插件
- 直流电源
- 密封条
- 实验记录本

> **安全提示**
>
> 使用化学物质时应佩戴防护眼镜,小心使用加热盘。请仔细阅读并遵守本书"实验前必读"中的"安全准则"。

实验步骤

1. 准备琼脂糖凝胶。方法如下:

① 使用电子秤或三杆式天平称量出 0.4 克的琼脂糖粉,并将其放入 150 毫升的烧杯中。

② 在烧杯中加入 1 毫升缓冲溶液。

③ 在烧杯中加入 50 毫升的蒸馏水,并将上述三者轻轻地搅拌。

④ 在加热盘上将烧杯逐渐加热,直至杯内溶液变得清澈。

⑤ 关闭加热盘并戴上手套将烧杯移至防热表面,将温度计放入烧杯内。

2. 在制胶盘两侧各贴上一条密封条,务必保证琼脂糖凝胶不会流出。

3. 将电泳梳立在电泳槽内,梳子齿对准制胶盘的槽。利用密封条将梳子两端与制胶盘粘在一起。

4. 当烧杯内的温度冷却到 55℃时,利用吸管将少量胶液吸出,并在密封条和电泳槽内侧连接处滴下几滴以确保两者黏合牢固。

5. 在黏合处的胶液凝固后,将烧杯内冷却的溶液倒入制胶盘中,高度为梳子齿高度的一半(参见图 2)。

6. 等待溶液凝固。大约 10—15 分钟后,凝固的胶液呈不透明胶状。

7. 轻轻地将制胶盘两侧的密封条移开,同时将固定电泳梳的密封条也移开。将电泳梳从胶体中取出并放置在一旁。注意,电泳梳在胶体上留下了一排小洞。

8. 将带有琼脂糖凝胶的制胶盘放入电泳槽。

9. 准备好缓冲溶液的稀释溶液。方法如下:

① 将 4 毫升的浓缩缓冲溶液倒入 250 毫升烧杯中。

② 在烧杯中加入 196 毫升的蒸馏水并轻轻搅拌。

10. 将稀释后的缓冲溶液倒在电泳槽的胶体上。

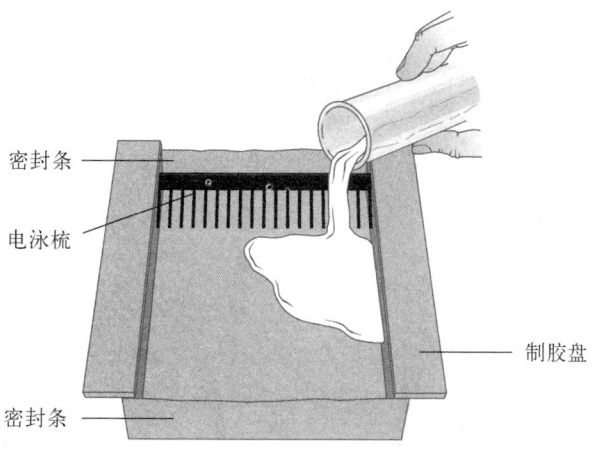

图 2

11. 利用微量吸管从一个 DNA 样本中提取少量的 DNA。小心地将吸管放入缓冲溶液中并将样本注入梳子齿留下的小洞中。注意不要让吸管碰到洞壁。小心挤压吸管继而使 DNA 完全流入小洞中(参见图 3)。

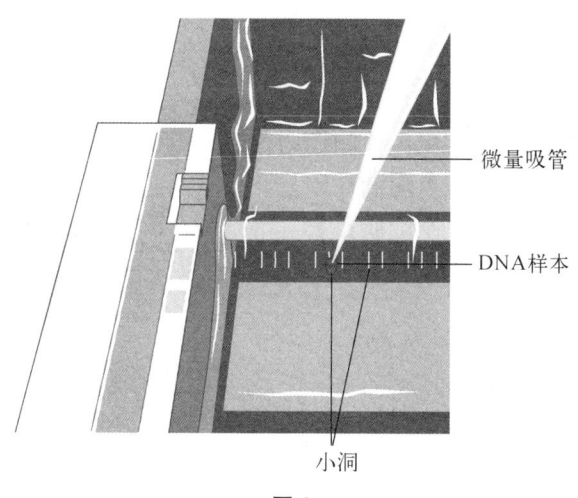

图 3

12. 用另外的 DNA 样本重复步骤 6。用洁净的微量吸管将不同的 DNA 样本注入小洞中。

13. 将电泳槽扣上盖子并用电极插件将电泳槽与电流相连。

14. 将电源设置为 100 伏(参见图 4),并供电 45 分钟—2 小时,直到 DNA 样本到达琼脂糖胶的一端。

实验 6　利用胶体电泳技术进行 DNA 指纹鉴定

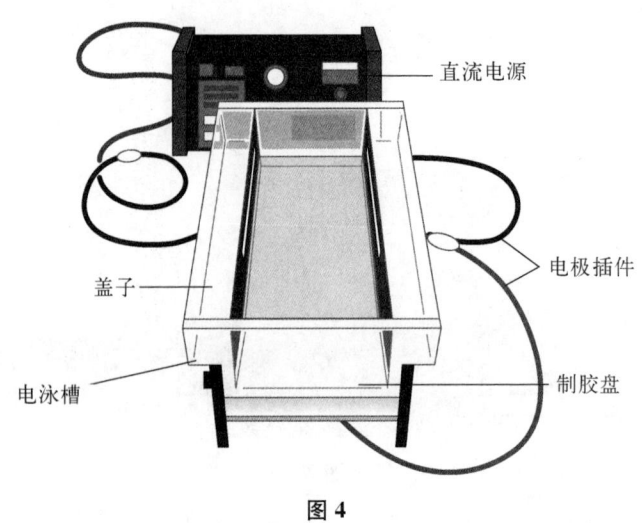

图 4

15. 切断电源并将制胶盘取出。仔细观察胶体上不同 DNA 的排列方式。

分 析

1. 使用胶体电泳技术的目的是什么?
2. 在胶体电泳技术中,电泳梳的作用是什么?
3. 在胶体电泳技术中,电源的作用是什么?
4. 图 5 是 DNA 主带在琼脂糖胶上的分布。仔细观察该图并找出哪段 DNA 在胶体表面移动得最快,是大的还是小的?
5. 图 5 中有没有两个 DNA 指纹鉴定完全一样?为什么?
6. 请描述切断电源后,胶体和 DNA 样本的表现,并在实验记录本上将其画出。
7. 什么是 DNA 指纹鉴定?
8. 你认为 DNA 指纹鉴定如何才能有助于破案?
9. 你认为自己的 DNA 指纹鉴定会和下列人员一致吗?

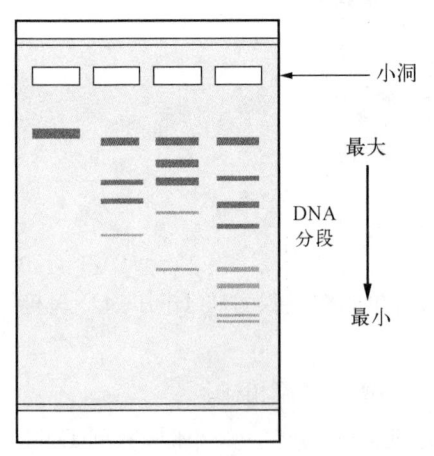

图 5

① 你的好朋友
② 你的父母
③ 你的兄弟姐妹
④ 你的同卵双胞胎

10. 用流程图或结构图说明胶体电泳技术的实验步骤。

实验中将会发生什么？

DNA 是细胞核中携带遗传信息的高分子。每一股 DNA 由核苷酸链组成，核苷酸链的一半来自母亲，另一半来自父亲。受细胞分裂方式的影响，两个人继承完全一样的核苷酸的可能性几乎为零。

胶体电泳技术使人们能够对不同个体的 DNA 加以区分。当利用限制酶将一个 DNA 样本分成若干段后，它们会被注射进琼脂糖胶当中。当琼脂糖胶中有电流经过时，电泳槽中带负电的 DNA 会向带正电的 DNA 运动，小段的 DNA 比大段的 DNA 运动速度快。每个人的 DNA 分段在胶体上的分布都是不一样的。

与现实生活的联系

人们在犯罪现场收集 DNA 后可以用其帮助确定个体身份。人体所有器官都存在 DNA，并且在汗液、尿液、粪便、指甲和发根中也有 DNA 存在。DNA 的最佳来源是受害人的血液、精液或在其身上采集的其他化验样本。人们甚至可以从使用过的邮票背面提取来自唾液中的 DNA，也可以从牙齿和骨骼中提取。如果从犯罪现场采集的 DNA 指纹鉴定与某个嫌疑人的 DNA 一致，那么警方就可以轻易地抓住罪犯。

想要了解更多吗？

参见附录中"我们的发现"。

实验 7　类证据的证据力

题　目

证据在破解案件中的价值是可以被计算出来的。

简　介

实物证据可以表明罪行是如何实施的以及案件与受害人或是案件与罪犯之间的联系。实物证据可以分为个体证据和类证据两种。个体证据是指能够将案件与某个特定证据源（即个体）相联系的证据，如指纹和DNA（参见图1）。而类证据则是那些可以与某个群体而非单一证据源相联系的特征，如土壤、头发或工业产品等。

指纹

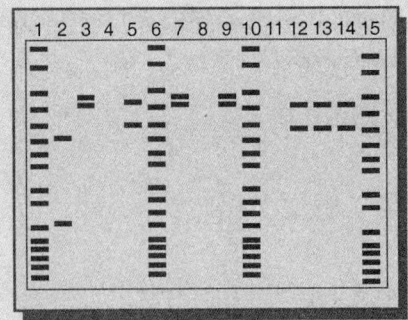
DNA指纹鉴定

图1

个体证据是将嫌疑犯与案件相联系的最佳物证,在犯罪现场提取的嫌犯指纹或DNA能证明他是否曾到过那儿。不过类证据也可以被用来锁定嫌犯。有时几项类证据结合在一起比单项证据更能证明嫌犯与案件的联系。也就是说将一个人与案件联系起来的证据越多,那么这些证据的证据力就越强。所以证据力就是证明某样东西与案件相关联的能力。

在一所高中里,监视器记录下有人将一台笔记本电脑从教室偷走了。疑犯身穿黑色T恤、牛仔裤和白色运动鞋。虽然学校里许多学生都至少穿戴其中的一样,但能同时穿着这3件衣物的学生人数却不太多。因此这3件物证的证据力就相对较高。在本实验中,你的工作是判定在该学校中,疑犯衣着的证据力究竟有多大。

他是小偷吗?

实验时间

40分钟

实验材料

- 计算器(是必需的)
- 实验记录本

安全提示

请仔细阅读并遵守本书"实验前必读"中的"安全准则"。

实验步骤

1. 将数据表 1 复制到笔记本上。

数 据 表 1

	A. 班级学生人数	B. 班级内穿戴此衣物的学生百分比	C. 全校穿戴此衣物的学生百分比
黑 T 恤			
牛仔裤			
白色运动鞋			

2. 计算一下你所在学校学生穿黑色 T 恤的可能性。方法如下：

① 计算并记录你所在班级的学生人数。

② 确定班级内穿黑色 T 恤学生的人数并将其记录在数据表 1 中 A 栏的"黑 T 恤"一格内。

③ 计算班内穿黑 T 恤学生所占的百分比。方法是用穿黑 T 恤的学生人数除以班级总人数。如果班级内有 30 名学生，其中 10 人穿黑 T 恤，那么计算结果为

$$所占百分比 = \frac{10}{30}$$
$$= 0.33（十进位制）$$
$$= 0.33 \times 100\%$$
$$= 33\%（百分比）$$

将计算结果记录在数据表 B 栏内。

④ 计算全校学生中穿黑 T 恤的人数。方法是用 B 栏内十进制数字乘以全校学生人数。如果全校共有 1 千名学生，那么计算结果是：

$$穿黑 T 恤的学生人数 = 0.33 \times 1\,000$$
$$= 330 人$$

将计算结果记录在 C 栏内。

3. 利用上述方法计算穿牛仔裤的学生人数并将结果记录在数据表 1 中。

4. 利用上述方法计算穿白色运动鞋的学生人数并将结果记录在数据表1中。

5. 计算你所在班级中一个学生同时穿着黑T恤衫、牛仔裤和白色运动鞋的可能性。方法如下：

① 穿黑色T恤的学生的百分比（B栏内）乘以

② 穿牛仔裤学生的百分比（B栏内）乘以

③ 穿白色运动鞋学生的百分比。

如果班级中33％的学生穿黑T恤，其中50％的学生穿牛仔裤，其中还有50％的学生穿白色运动鞋，那么计算结果是：

$$0.33 \times 0.5 \times 0.5 = 0.0825$$

6. 计算一下全校学生中有多少人同时穿戴这3件衣物。方法是用步骤5得出的结果乘以学生总数。如果全校有1千名学生，那么计算结果是：

$$0.0825 \times 1000 = 82.5（即82人）$$

分析

1. 在一间办公室内，有50个人是棕色头发，24个人是金发，5个人是红发，17个人是黑发，那么金发所占的百分比是多少？

2. 办公楼里有212个人，其中有多少人是金发？

3. 一个司机撞上一辆停止不动的小汽车后逃逸了。有目击者说，肇事司机为女性，开一辆蓝色吉普车。要想计算出在你所在的城市中有多少人符合上述描述，你需要哪些信息？

4. 类证据和个体证据有何不同？

5. 请指明数据表2中的物证哪些是类证据，哪些是个体证据并说明原因。

数据表2

证据	个体证据还是类证据	原因
DNA		
指纹		

续 表

证　据	个体证据还是类证据	原　因
纸　屑		
冬季用的手套一副		
手　铐		

6. 为什么了解证据的证据力是重要的？

7. 为什么个体证据的证据力大？

8. 请说明在哪些情况下类证据的证据力较大。

实验中将会发生什么？

犯罪现场调查员总是希望能找到一些带有个体特点的重要物证，但这种情况很少发生。大多数情况下，物证都是群体性的，很难与单个证据源相关联。尽管如此，如果类证据充分的话仍然可以将案件与某个个体联系起来。为了找出这些物证的价值，调查人员常用积法则来决定证据力的大小，或是用它来计算在某个人群中所有证据特点结合一起的概率有多大。积法则的原理是：通过对各个证据的概率进行乘法运算，就可以得出该证据在某一人群中的证据力。

与现实生活的联系

评估类证据的特点不是一件容易的事儿，因为我们在日常生活中用到的许多东西都是大批量生产的产品。如果罪犯将胶带或者红色的地毯纤维留在现场的话，办案人员很难据此追踪到罪犯。作为批量生产的产品，利用胶带找到罪犯可能性不大，同时也无法证明其有罪。红色地毯生产商数不胜数，而且在家庭和办公室内广为使用，所以它对于寻找疑犯的价值也不大。但如果将这二者结合使用的话，其证据力就较高，同时使用这两种东西的疑犯就很值得怀疑。

随着时间的流逝，某些类证据的价值也会发生改变。作为美国汽车公司 (American Motor Corporation) 在 1970—1979 年之间生产的微型车，如果格里莫林汽车在 1970—1979 年之间出现在肇事逃逸现场的话，那根本就不算什么，因为当时全美有 67 万辆这样的汽车，但如果同样的汽车在 2008 年出现在现场的话，那可就不同了。作为数量已经很稀少的一款汽车，它出现在路上并且与案件无关的可能性极低。此时这辆车作为犯罪物证的证据力增加了许多。

想要了解更多吗？

参见附录中"我们的发现"。

实验8　血滴溅落调查

题　目

血滴的形状与其滴落在什么样的物体表面有关。

简　介

当血滴与物体表面接触时,血滴有可能迸溅也有可能不迸溅。不过,不管是哪种情况,都会有血迹形成。图1展示了一滴血是如何溅落到物体表面的。下降过程中的血滴呈球状,当它落到物体表面时,血滴底部会变平,因此血滴被迫向外破散形成边缘。在犯罪现场,血滴溅落形态是帮助破案的重要线索。

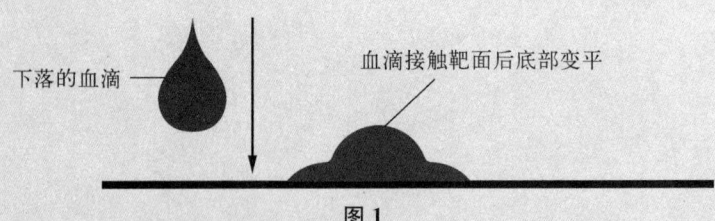

图1

当有罪行发生时,犯罪现场调查人员(CSI)常常要判断出血迹的位置、分布及其表面情况。与此同时,技术人员对血迹进行拍照、测量和描述。所有这些信息稍后都要交给血迹形态专家进行判读。

要想成为一名血迹形态专家,你首先必须了解血液在各种情况下的流动情况,通过实验观察温度、高度、冲击力及其他因素对血迹形状和分布的影响。通过研究血液以及它在不同情况下形成的血迹形态,专家们可以用它来重现犯罪场景。在本实验中,你将扮演血迹形态专家的角色,研究靶面的质地对血滴溅落的形态有哪些影响。

实验时间

55分钟

实验材料

- 人血
- 吸管
- 米尺
- 直尺
- 一块表面光滑的瓦片
- 一块有织纹的油布
- 小镜子
- 一小块铝箔
- 纸巾
- 实验记录本

安全提示

请仔细阅读并遵守本书"实验前必读"中的"安全准则"。

实验步骤

1. 你的工作是设计并完成一组实验,以研究3种表面质地不同的靶面是如何影响血迹形状和大小的。

2. 你可以使用教师所提供的实验材料但不必全用。如果还需要其他材料可以和教师商量。

3. 在开始实验前要先明确本次实验的目的，在数据表上写下实验步骤和所需材料并向教师请示。如果教师同意了，你就可以开始了。如果教师不同意的话，请你继续修改。

4. 在设计实验时应牢记：

① 除了靶面（即血滴溅落的物体表面）质地外，控制好所有变量。变量包括血滴的多少、滴落的高度以及与靶面接触的角度等。

② 实验应多做几次。比如让血滴从指定高度10倍的距离处落在一种靶面上，然后再让其从同一高度滴落在另外的靶面上。

③ 精确记录实验结果，包括文字描述、测量结果和图画等。

5. 在得到教师同意后就可以收集所需材料开始实验了。

6. 自己设计数据表记录结果。

数 据 表

你的实验步骤	
你的实验材料	
教师的意见	

分 析

1. 血滴溅落形态如何帮助破案？
2. 为什么调查人员要了解靶面的质地？
3. 在实验中你要控制哪些变量？
4. 你从实验中得出哪些结论？

5. 为下一步实验设计实验步骤。

6. 请研究图 2 中的两种血迹。其中一种溅落在光滑的、无纹理的地板表面，另一种则落在多孔塑料瓦片上。图中 A、B 两滴血哪个是溅落在瓦片上的？为什么？

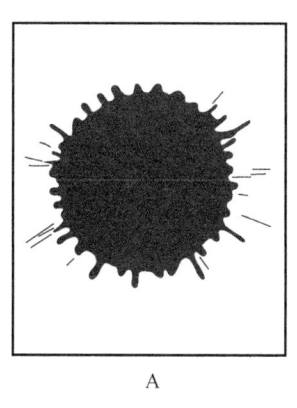
A

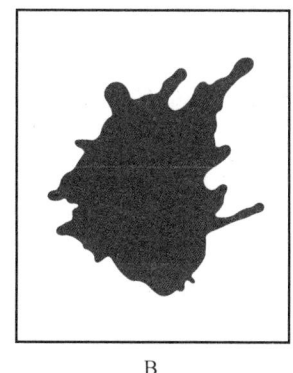
B

图 2

实验中将会发生什么？

当一滴血落在靶面上时，不管迸溅与否都会形成血迹。血迹的大小与滴落的血量有关，而血迹的形状则与血滴落在靶面上的角度和速度有关。血迹形状的更细微的特点与靶面的质地有关。玻璃和金属表面坚硬光滑，因此滴落在上面的血迹呈圆形，因为光滑物体使液体发生散射的表面面积较小。而质地粗糙的材料，如油布、纸板、纸等，落在上面的血迹则有锯齿状，血滴周围呈扇形和脊突形。

与现实生活的联系

血液当中蕴含大量水，人们了解了水的特点也就了解了血液的特点。和水一样，血液也有表面张力。同一滴血液内的各个分子颗粒之间互相吸引，这种黏结性是使血滴汇聚在一起的原因。

虽然血迹形态有助于案件调查，但人们并非总是能幸运地找到它们。纤维类织物表面就会吸收血液从而破坏血迹形态。在户外，许多物体表面是防水的，因此血迹也无法在上面停留。另外,血迹沾上别的东西或被弄脏了的话就没有什么价值可言了。而缺少血迹这一有力物证的支持,调查人员的工作效率将会大受影响。

想要了解更多吗?

参见附录中"我们的发现"。

实验 9　体液的比重

题　目

比重是法医学上一个重要的计量单位。

简　介

任何物体都有两个最基本的特性：质量和体积。在实验中，物体的质量可以用电子秤或三杆式天平来测量，其计量单位是盎司或克。体积是物体占据空间的大小，通常有两种方法用来计算：规则形状的固体可以通过直尺或卷尺进行测量(参见图 1)，其计量单位为立方寸或立方厘米。液体的体积可以通过带有刻度的圆筒容器进行测量，计量单位是升。

在知道了一个物体的质量和体积后，我们就可以算出它的第 3 个数值：密度。用质量除以体积就可以算出一个样本的密度，公式是：

$$D = \frac{m}{v}$$

其中 D 代表密度，m 代表质量，v 代表体积。

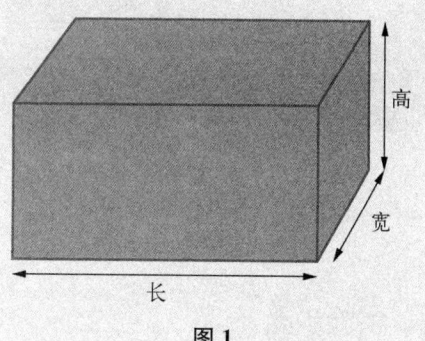

图 1

测量物质密度的另外一种方法就是将其密度与水的密度进行对比，得出的结果就是比重。用公式表示就是：

$$SG = \frac{D_1}{D_w}$$

其中 SG 代表比重，D_1 代表物质的密度，D_w 代表同体积的水的密度。在本实验中，你将学习如何计算一种液体的比重。

实验时间

55 分钟

实验材料

- 20 毫升 1 号血液样本
- 20 毫升 2 号血液样本
- 20 毫升 1 号尿液样本
- 20 毫升 2 号尿液样本
- 电子秤
- 100 毫升带刻度的圆筒容器
- 水源
- 实验记录本

安全提示

请仔细阅读并遵守本书"实验前必读"中的"安全准则"。

实验步骤

1. 测定水的密度。方法如下：

① 测量容积为 100 毫升的带刻度的圆筒容器的质量，并记录在数据表

1 中。

② 在容器内加入 10 毫升的水,测量容器和水的质量,用结果减去容器的质量就是水的质量。结果记录在数据表 1 中。

③ 计算水样本的密度。方法是用水的质量除以水的体积,结果记录在数据表 1 中。

④ 在容器内再加入 10 毫升的水,计算水的质量并将结果记录在数据表 1 中。

⑤ 计算水样本的密度并记录在数据表 1 中。

⑥ 重复步骤④—⑤直到在带刻度的圆筒容器内装有 100 毫升的水。

⑦ 计算每次测得的水密度的平均值。方法是将 10 个水样本的密度相加再除以 10,将最终结果记录在数据表 1 的最后一栏中。

数 据 表 1

	质量(g)	密度(g/ml)
空的带刻度的圆筒容器		未知
10 毫升水		
20 毫升水		
30 毫升水		
40 毫升水		
50 毫升水		
60 毫升水		
70 毫升水		
80 毫升水		
90 毫升水		
100 毫升水		
平均值	未知	

2. 重复步骤 1,得出教师所给的每种样本的密度。在实验记录本上设计更多与数据表 1 相同的数据表,并分别标明 1 号血液样本数据表、2 号血液样本数据表、1 号尿液样本数据表、2 号尿液样本数据表。

数 据 表 2

材　料	比　重
1号样本	
2号样本	
3号样本	
4号样本	

分　析

1. 什么是密度？

2. 水的密度是否因水的体积大小发生变化？

3. 公认的水的密度是1克/毫升，检查你的计算结果是否有百分比误差。方法是利用如下的公式：

$$百分比误差 = \frac{你的计算结果 - 公认的水的密度}{水的密度} \times 100\%$$

4. 什么是比重？

5. 检查你对两个血液样本的实验结果。在这两个样本中，哪一个来自溺水死亡者？（提示溺水者血液会被水稀释。）为什么？

6. 检查你对两个尿液样本的实验结果。其中哪一个含有过多的蛋白质和矿物质？为什么？

实验中将会发生什么？

人们在实验室中用比重来记录某一样本的密度与水密度之间的比较结果。与密度一样，比重不受样本体积大小的影响而发生改变。由于比重只是一个数字，不以单位表示，因此被人们认为是没有单位的物理量。比重小于1的物体会漂浮于水面之上，而比重大于1的物体则会沉入水中。

常被用来测量比重的工具有几种，其中一种就是液体比重计。它是一个顶部带有橡皮球的圆筒容器，容器内有浮标。如果所检测液体的比重大于水，那么浮标就会上升，反之则会下降。

与现实生活的联系

比重在多种法医学调查中都极其有用。比如有时对尿液的精确测试就有助于破案。但有些情况下,为了掩饰使用毒品的痕迹,尿液会被人动手脚。如果尿液的比重偏低,那表明尿液因人体大量饮水而被稀释了。所以在尿检过程中,如果有人的尿样被稀释了,这就表明有人试图通过大量饮水来冲刷体内的化学物质,从而造成检测结果失真。通常情况下尿液比重的正常值范围是 1.003—1.030,超出这一范围的尿样检测结果足以说明样本被人动了手脚。

当法医怀疑受害人是溺水而死时,比重也是重要的参考手段。被吸入人体的水会极大地改变血液中的化学物质成分。当水进入肺部时,会立即被血液吸收,从而稀释血液。稀释后的血液离开肺部时,它又通过肺静脉进入左心房,再由左心房进入左心室(参见图 2)。心脏因无法将稀释后的血液泵出而停止跳动。由于稀释后的血液比重低于正常血液,因此死者左右两个心室的比重差别是法医判断溺水者死因的证据。

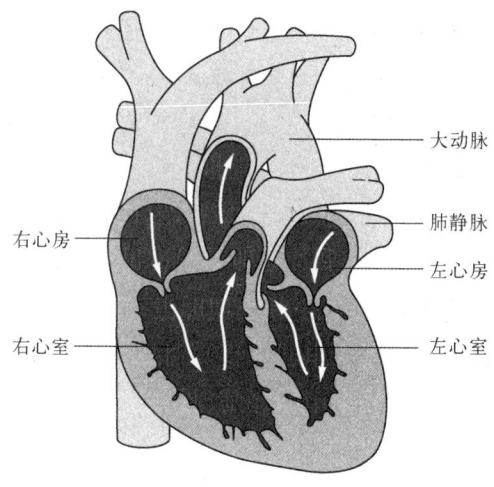

图 2 人的心脏

想要了解更多吗?

参见附录中"我们的发现"。

实验 10　土壤鉴别

题　目

土壤是一种可以通过其特点加以鉴别的物证。

简　介

　　土壤是地表物质分解的产物，土壤中包括已经分解的动植物、矿物质和岩石，同时还有其他多种人造物质的碎片，如油彩、塑料和玻璃。这些人造物质使每个地区的土壤都有所不同，这对判定土壤来源至关重要，所以土壤也是破案的重要线索。

　　虽然缺乏人造物质成分在内的土壤难以判断其来源，不过土壤本身的一些特点也能表明该土壤来自哪个地区。在案件调查过程中经常会使用到土壤鉴别特征就是其颗粒的大小。在本实验中，你将仔细研究一份取自犯罪现场的土壤样本，并且将它与其他3份土壤样本相对比，以找出匹配的对象。

实验时间

第一天：10分钟

第二天：55分钟

实验材料

- 4 个铝盘
- 来自犯罪现场的土壤样本
- 1 号土壤样本
- 2 号土壤样本
- 3 号土壤样本
- 筛子（10#筛孔，用来筛沙砾）
- 筛子（230#筛孔，用来筛沙子）
- 筛子（5微米筛孔，用来筛粉沙）
- 量杯或400毫升的烧杯
- 电子秤或三杆式天平
- 纸巾
- 报纸
- 密封条或标签
- 实验记录本

安全提示

请仔细阅读并遵守本书"实验前必读"中的"安全准则"。

实验步骤

第一天：

取半杯来自犯罪现场的土壤样本和1、2、3号土壤样本分别倒在4个铝盘上，并各自贴上标签，放置一夜将土壤晾干。

第二天：

1. 称量并记录一张纸巾的重量。
2. 将200毫升取自犯罪现场的样本放在纸巾上并称量，除去纸巾的重量后

图1　筛子

将土壤重量记录在数据表的"犯罪现场"一栏下面的第一格内，单位为克。

3. 将报纸铺在地上，挑选筛孔最大的筛沙砾的筛子（参见图1）。将筛子举在报纸上并倒入取自犯罪现场的土壤样本。轻轻晃动筛子直到将土壤全部筛完（为了减少尘土飞扬，可以在筛子上盖一张从实验记录本上撕下的纸页）。筛子上剩下的就是样本中的沙砾，将沙砾倒在纸巾上称重（记住要减去纸巾的重量）。将得出的重量记在数据表"犯罪现场"一栏下面的第二格内。

4. 将报纸上的土壤收集在一起。在地上另外再铺一张报纸。这次选取筛沙子的筛子。将土壤倒在筛子上直到土壤全部筛完（同样可以将纸页盖在筛子上以减少尘土）。筛子上剩的是样本中的沙子。将沙子倒在纸巾上称重（记得减去纸巾重量）。将结果记录在"犯罪现场"一栏下面的第三格内。然后将沙子放在一旁。

5. 把第二张报纸上的土壤收集在一起，并铺上第三张报纸。这次选择筛粉沙的筛子。轻轻摇动筛子直到土壤全部筛完（同样可以将纸页盖在筛子上以减少尘土）。筛子里剩下的是样本中的粉沙部分。将粉沙倒在纸巾上称重（记得减去纸巾的重量）。将结果记录在数据表"犯罪现场"一栏下面的第四格内。然后将粉沙放在一旁。

6. 从筛粉沙的筛子中滤掉的土壤是黏粒。将这些黏粒放在纸巾上称重并将结果记入数据表的"黏粒"一栏内。

7. 计算并记录取自犯罪现场的土壤样本中每个部分所占的百分比。公式如下：

① （沙砾的重量）÷（样本的总重量）×100％＝_____％沙砾

② （沙子的重量）÷（样本的总重量）×100％＝_____％沙子

③ （粉沙的重量）÷（样本的总重量）×100％＝_____％粉沙

④ （黏粒的重量）÷（样本的总重量）×100％＝_____％黏粒

8. 将4个百分比数字加在一起计算结果是否为100％。如果是，则计算正确，如果不是则重新检查。

9. 对1、2、3号土壤样本也重复上述步骤2—8，并将结果记录在数据表的相应位置上。

数 据 表

	重 量			
	犯罪现场	A	B	C
土壤样本				
沙砾部分				
沙子部分				
粉沙部分				
黏粒部分				

分 析

1. 1、2、3号土壤样本中哪一个和犯罪现场采集的土壤样本最像？

2. 在本次实验中，你检查了土壤的颗粒大小。请指出另外两种对于土壤鉴别较有用的土壤特点。

3. 3个筛子之间有什么不同？

4. 如何用土壤分析的结果来判断受害人在被杀后是否曾经被从案发现场转移？

5. 在一辆涉嫌犯罪的汽车的轮胎上，调查人员发现了含有砖成分的土壤。这种土壤对调查人员有何帮助？

6. 一位物证专家对取自犯罪现场的土壤样本进行了研究。样本总重量为100克。通过筛选，他发现其中2克是沙砾，33克是沙子，30克是粉沙，34克是黏土。专家根据记录发现该州的山区土壤中的沙子成分占20%，在该州的沿海平原地区，沙子所占土壤比例为30%—50%，而在海岸地区，其比例为80%。

① 该土壤样本中沙子所占的比例是多少？
② 该土壤样本来自该州的哪个地区？
③ 有没有可以帮助专家确定土壤样本来源的其他信息？

实验中将会发生什么？

土壤是能够将疑犯的鞋子、衣物或所用车辆和犯罪现场联系在一起的物证。

在法医实验里,土壤的检测方法不止一种。低倍显微镜能识别组成土壤的各种颗粒的特点,有关物质和岩石的知识能帮助专家了解土壤的特点并判断其来源。

在进行比对时,土壤的物理特点非常重要。其中首先要注意的就是土壤样本的颜色。由于潮湿状态下的土壤颜色略深一些,因此在判断其颜色前需将其晾干。目前科学家们已经识别出了1 000多种不同的土壤颜色。

对土壤进行实验室分析时还可以使用非连续性密度梯度管,它可以显示土壤的不同密度分配。几种不同密度的液体被置于管内,当加入管内的土壤密度与管内某一液体的密度相一致时,土壤就会在这一层悬浮不动。

土壤无处不在,并且很容易被人从一个地方带到另一个地方,所以鉴别土壤的技术还在不断发展。按照惯例,人们会从不同地区收集土壤的参比试样以供未来之需。由于在实施犯罪的过程中只有最表面的土壤被扬起,因此人们只采集地表最上层的标本。

与现实生活的联系

艾丽斯·雷德蒙德(Alice Redmond)失踪案就是美国佐治亚州警察通过土壤鉴别告破的。艾丽斯的男友马克·米勒(Mark Miller)声称,他在艾丽斯下班后开车接她一起在当地转了一会儿,然后就送她回家了。警察虽然怀疑马克就是凶犯但却苦于证据不足。

不久,艾丽斯那辆报失的车子在当地一家医院的停车场内被人发现了。警察再次询问了马克并检查了这辆车子。他们发现车子轮胎和底盘上有厚厚的一层泥土(参见图2)。经过仔细检查,警察发现这些泥土包括两层:下层泥土是棕红色,它来自当地,上层泥土则是深棕色,而在当地根本没有这种颜色的土壤。它是典型的来自美国阿拉巴马州某一地区的土壤,靠近垃圾场。警方搜索垃圾场后发现了艾丽斯的尸体。取自垃圾场与汽车轮胎上的土壤样本,在晾干后呈现出的颜色一模一样。之后这两种土壤样本又经过筛子过滤,结果发现它们的颗粒大

图2　一位警官正在检查汽车轮胎

小也完全匹配。马克车子轮胎上的土壤与发现尸体的垃圾场的土壤完全一样。这一证据证明马克就是谋杀艾莉斯的凶手。

想要了解更多吗?

参见附录中"我们的发现"。

实验 11　玻璃的密度

题 目

通过已知密度的液体计算玻璃的密度。

简 介

玻璃是日常生活中重要的一部分，但它也可以用于科学实验室中普通仪器的制作，从烧杯到显微镜的镜头片，几乎每件仪器都有玻璃的身影。玻璃制品的生产通常是将硅化物熔化，再将液态物质塑造成所需形状的过程。当液体冷却后，形状便保持住了。这种物质定形后会变得稳固而易碎。当然，有时为了某种效果，比如特殊的颜色或花纹，一些添加化合物，例如铅，也通常会被加入硅中。

添加剂通常会影响到玻璃的密度。正是由于加入了不同的化学成分，不同种类的玻璃密度也会有差别。例如，铅是一种高密度物质，而硼的密度要比铅低，因而含铅的玻璃就会比含硼的玻璃密度稍大一点。在许多案例中，玻璃的密度或其他一切特性会给法医一些提示，从而帮助他们判定在犯罪现场发现的玻璃碎片的来源。其实，浮力定律就可以用来计算玻璃的密度。

有浮力或者说能漂浮的物体都会有这样的特点，只有当液体密度小时，它们才能漂浮在该液体之上。当一片玻璃与它所浸入的液体密度一致时，玻璃片既不会漂浮液面之上，也不会沉入底部，它会悬浮在液体之中。在本实验中，我们将会使用糖水溶液来计算不同玻璃的密度。

实验时间

35 分钟

实验材料

- 100 毫升的量筒
- 150 毫升的烧杯
- 3 片不同密度的玻璃
- 225 毫升的蒸馏水
- 搅拌棒
- 一对夹子
- 250 克白糖
- 电子秤
- 实验记录本

安全提示

　　使用玻璃做实验时要小心。请仔细阅读并遵守本书"实验前必读"中的"安全准则"。

实验步骤

1. 使用电子秤称量干燥的空烧杯质量,并将结果记录到数据表中。
2. 在烧杯中加入大约 75 毫升的蒸馏水。
3. 将第一片玻璃放入有水的烧杯中。用搅拌棒使玻璃片完全浸没。
4. 慢慢地再将糖放入水中,每次加入都要仔细搅拌,从而确认玻璃片没有接触到烧杯底部。持续在水中加糖,直到玻璃片悬浮在溶液中央。
5. 小心地用夹子将玻璃片取出。

6. 用电子秤称量溶液和烧杯的质量,减去空烧杯的质量,从而得到糖水溶液的质量,并将结果记录到数据表中。

7. 仔细地将糖水溶液倒入量筒中,在数据表中记录下糖水的体积。

8. 清洗并且晾干烧杯。

9. 假设玻璃的密度与其所悬浮的糖水密度是一样的,那么就可以用公式 $D=m/V$ 来计算玻璃的密度。在这个公式中,D 表示密度,m 表示质量,而 V 表示体积。

10. 在计算第二片和第三片玻璃的密度时,将步骤 2—9 重复实施即可。

数 据 表

	烧杯的质量(g)	糖水的质量(g)	糖水的体积(ml)	玻璃的密度(g/ml)
1号样本				
2号样本				
3号样本				

分 析

1. 为什么加入糖后,水的密度会发生变化?
2. 哪种玻璃样本的密度最大?你能通过观察玻璃片知道结果吗?
3. 你认为低密度玻璃可以有哪些应用?
4. 你认为高密度玻璃有哪些应用?
5. 玻璃片的大小会影响玻璃的密度吗?请说明理由。
6. 从法医的角度理解,为什么对不同密度的玻璃的鉴别非常重要?

实验中将会发生什么?

在这个实验中,我们使用了糖水溶液计算玻璃样本的密度。糖在这个实验中是非常有帮助的。因为我们可以用糖来配制任何密度的溶液。当我们把糖加入水中时,由于密度较高的糖分在水中溶解,使水的密度也有所增加。通过这种配制,我们使水的密度与玻璃的密度基本相同,从而使玻璃能够悬浮在溶液中。

由于玻璃样本内所含的化学成分不尽相同,因此其密度也会有所差别。较重的玻璃片通常是添加了铅成分。这种玻璃因为易结晶,所以通常用来制造水晶(参见图 1-a),而较轻的玻璃往往含有硼,这种成分使玻璃更加耐用而且轻便。烧瓶和烧杯通常是由含有硼的玻璃制成的(参见图 1-b)。

a　　　　　　　　　　　b

图 1

与现实生活的联系

在调查非法侵入的案件中,了解玻璃碎片的密度对法医来说至关重要。例如,如果能够断定犯罪嫌疑人身上的玻璃片与被打碎的窗玻璃质地相同,那么就能够将嫌疑人与犯罪现场相互联系。密度分析也能被用于重现交通事故现场。只要对少量玻璃碎片进行化验,法医就能够判定车窗破碎时两辆车的相对位置。这是由于玻璃种类和其在车上使用的位置不同,玻璃的化学组成成分也会不同。人们要做的是分析玻璃的化学成分或计算玻璃的折射指数。玻璃窗的密度通常是 2.4—2.8 克/毫升,而车前灯的玻璃通常是 1.3—1.5 克/毫升。

想要了解更多吗?

参见附录中"我们的发现"。

实验 11　玻璃的密度

实验 12　通过发射光谱鉴别化学元素

题　目

光谱可以用于未知化合物的鉴别与确认。

简　介

未知化合物的鉴别在法医的调查取证中是至关重要的。当一种化学物质燃烧或吸收能量时会发出光波。想要鉴别某种未知液体时,比较简便的方法便是观察其发射光谱。每种化学物质在燃烧过程中所发出的光都有其独特的颜色。如果通过验电器或棱镜来观察这些光的颜色的话,我们就会观察到它们被分解为单色光所组成的光带。这种光带就类似于白光被分隔成彩虹的颜色(参见图 1)。

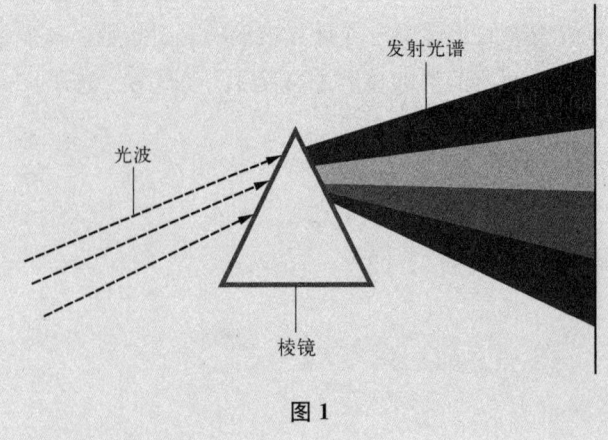

图 1

一种特定元素在验电器的作用下会发出独特的颜色光谱。比如,被燃烧或有电流穿过时,氢气会发出浅桃色的光。当我们通过验电器或棱镜来观察这种光时,清晰的颜色带就会呈现出来:红色带、黄色带以及若干蓝色带(参见图2)。

图 2　氢的发射光谱

每种元素的发射光谱都是独一无二的,就像指纹可以用来识别个人身份一样,这些光谱也同样能够用来鉴别化学物质。然而,并非每种化学物质所发出的光都是可以用肉眼进行观察的,一些化合物,特别是碱金属,所发出的便是耀眼的亮光。许多实验室都有能使物质自动燃烧的仪器,人们通过与已知化学物质的光谱进行比较来解读未知元素的发射光谱,从而对其进行鉴定识别。这种技术已经被广泛应用于化合物中金属的检测。在本实验中,我们将会通过发射光谱来识别一些未知化学物质。

实验时间

40分钟

实验材料

- 加热盘
- 煤气喷灯
- 钟锤
- 薄木板
- 20毫升锥形烧瓶
- 夹子
- 滴试板

- 棉拭子
- 5种未知碱性溶液
- 化学课本或化学资料
- 实验记录本

安全提示

在使用化学物质进行实验时,请注意佩戴防护眼镜和手套。在使用加热盘时请特别小心。请仔细阅读并遵守本书"实验前必读"中的"安全准则"。

实验步骤

1. 实验任务如下：请设计并实施一项实验,在实验中能通过化学物质燃烧时所发出的光来判定这是什么物质。

2. 教师所提供的全部实验器材和药品都可以使用,但不用全部应用。

3. 在实验开始之前请仔细作出计划,写下你所要采取的实验步骤并在下面的数据表中写出计划使用的原料(实验材料)。请将实验步骤和原料单给教师检查。如果获得教师的认可,就可以开始实验了。但是如果教师提出异议,请修改计划,并再次交给教师检查。

4. 如果教师对实验计划表示认可,收集所需要的实验材料并开始实验。

5. 收集实验结果,并记录在数据表中。

数　据　表

你的实验步骤	
你的实验材料	
教师的意见	

分析

1. 每种化学物质都是什么？

   未知 1＿＿＿＿＿　　未知 2＿＿＿＿＿　　未知 3＿＿＿＿＿

   未知 4＿＿＿＿＿　　未知 5＿＿＿＿＿

2. 你把什么作为能量？

3. 为什么你需要能量？

4. 导致你实验误差的原因是什么？

5. 如果再次做这个实验，你会作出哪些调整？

实验中将会发生什么？

在这个实验中，能量以加热的方式参与到化学物质中。当化学物质吸收了能量，原子中的电子就会变得活跃。电子围绕着原子的原子核，按照能级的分布来排列，就像洋葱的剖面一圈圈排列一样。这些能级的分布也是同心层的形态。当这些电子变得活跃时，它们便开始获取能量并向更高的级层跃进而远离原子核。然而，这种活跃的状态是不稳定的，这些电子很快就会退回到它们的原始状态，也就是所谓的基态。当它们退回基态后，电子所吸收的能量便会以光的形式释放出来。因为所有元素所蕴含的电子数量和其分布形态都是独一无二的，所以每种元素所释放的能量的大小也是不同的。而在光这方面，不同的能量所发出的光的波长和颜色都不尽相同。一些元素甚至会发射出红外和紫外光谱。我们是不能用裸眼看到这些光的，而验电器则可以对这种光进行检测。

与现实生活的联系

电子发射光谱在现实生活中的很多领域都有广泛的应用。在法医领域，它们可以对现场留下的痕迹进行鉴别。不同于其他实验检测的是，发射光谱分析只需要很小的样本。由于其独特的光谱组成，霓虹灯所发出的是单一颜色的光。霓虹灯的工作原理是由于电能短暂地经过一种气体，激活其内部电子，从而使气体发出一种明显而有色的光线。不同的气体可以用来制作不同颜色的霓虹灯。

天文学家也会使用光谱来鉴别星球的构成成分。由于无法从遥远的星球上直接获得实物样本,科学家便利用星星所发出的光来判断其构成。美国环境保护署也会通过分析发射光谱来辨别环境中的金属污染物。由于光谱分析相对简易,其使用范围也比较广泛多样。

想要了解更多吗?

参见附录中"我们的发现"。

实验 13　潜在指纹呈现技术的比较

题　目

超能胶烟熏法和碘熏法是显现潜在指纹的两种常用方法。

简　介

在犯罪现场,调查人员需要找出所有能够指证罪犯的线索。其中最重要的线索之一便是指纹。有些指纹是可以用裸眼看到的,有些则不然。那些不可见的指纹被称为潜在指纹。调查人员通常会把可能留有潜在指纹的物品收集起来带回法医实验室中进行化学分析。

在潜在指纹的化学分析方法中,有两种方法是比较有效的。它们分别是超能胶烟熏法和碘熏法。这两种技术都是将存在指纹的物品放入密封的容器中,然后用化学药品对其进行烟熏。在烟熏的过程中,烟雾和指纹中的微粒发生化学反应,而就是这种反应能使指纹呈现出来。图 1 便向我们展示了一个准备实施超能胶烟熏法的容器。

这个实验会使用一个有盖的小鱼缸。在这个鱼缸中,我们将看到指纹是如何在烟熏法的作用下呈现的。我们将在不同材料的物品上留下指纹,然后先使用碘熏法,再使用超能胶烟熏法,分别进行实验。最后,将两个结果进行对比,来看看每种原材料使用哪种烟熏法效果更好。

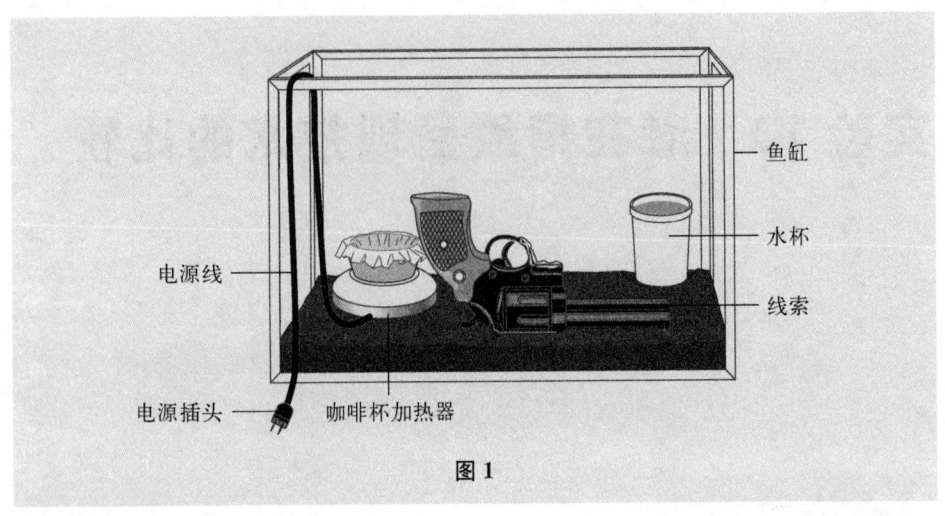

图 1

实验时间

55 分钟

实验材料

- 两片 5 厘米×5 厘米的瓦片
- 两片 5 厘米×5 厘米的玻璃片
- 两片 5 厘米×5 厘米的塑料片
- 两片 5 厘米×5 厘米的纸片
- 两片 5 厘米×5 厘米的木头片
- 超能胶
- 24 个碘晶体
- 鱼缸
- 鱼缸盖
- 铝箔
- 空汽水罐
- 咖啡杯加热器（或小加热盘）
- 小烧杯或杯子

- 放大镜
- 水源
- 实验记录本

> **安全提示**
>
> 使用化学药品进行实验时请佩戴防护眼镜和手套。请在通风较好的空间进行实验。在使用咖啡杯加热器时请小心。请仔细阅读并遵守本书"实验前必读"中的"安全准则"。

实验步骤

第一部分

1. 戴手套之前,请在所有瓦片、玻璃片、塑料片、纸片和木头片的表面留下指纹。尽量使每个指纹的大小基本相同。留好指纹后可以佩戴手套。

2. 分别将一片瓦片、玻璃片、塑料片、纸片和木头片全部放在鱼缸底部,并将它们排列整齐,确保它们相互之间不会接触。

3. 将若干碘晶体撒在一小片铝箔上。将晶体放在鱼缸中,靠近存有潜在指纹的物品。

4. 将鱼缸盖好,等待15分钟。

5. 15分钟后,将各个物品拿出,并查看上面是否呈现出可见的指纹痕迹。

第二部分

1. 将其他没有使用过的瓦片、玻璃片、塑料片、纸片和木头片放入鱼缸底部,并确保它们相互之间不会接触。

2. 将咖啡杯加热器放在鱼缸底部。注意将电源线沿着鱼缸边缘拉出,从而确保其能够插入电源。

3. 用铝箔做一个手掌大小的碗,将铝箔碗放在加热器上。

4. 在铝箔碗中放入一些超能胶(大约硬币大小)。

5. 在鱼缸中放入一杯或一烧杯水。

6. 将鱼缸盖好。

实验 13　潜在指纹呈现技术的比较

7. 插好加热器的电源,对超能胶进行约 10 分钟的加热。

8. 10 分钟后关掉加热器,小心地拿出瓦片、玻璃片、塑料片、纸片和木头片,并查看上面所呈现的指纹。

分 析

1. 观察在碘熏法作用下的各个材料,请描述出你所看到的指纹的颜色、形状和清晰度。

2. 观察在超能胶烟熏法作用下的各个材料,请描述出你所看到的指纹的颜色、形状和清晰度。

3. 完成数据表。针对不同的材料,碘熏法和超能胶烟熏法,哪种方法呈现出的指纹效果最好。请在你认为好的方法下打钩。

4. 烟熏结束后 15 分钟,请再次查看两种方法所呈现的指纹。有任何指纹褪色或消失吗?如果有,是哪个消失了?

5. 如果你是法医,请评估两种烟熏法对瓦片、玻璃片、塑料片、纸片和木头片的作用效果。请写一段短文来解释怎样在每种材料上呈现最完整的指纹。

数 据 表

材 料	碘熏法	超能胶烟熏法
瓦 片		
玻璃片		
塑料片		
纸 片		
木头片		

实验中将会发生什么?

超能胶烟熏法通常在无孔隙物质上作用效果比较好,比如金属、玻璃和塑料。超能胶含有一种强黏合剂——氰基丙酸酯。在实验中,我们把几种材料放入一个密封的容器中,而在这个容器中,液体胶也同时被加热并蒸发。加热氰基丙酸酯所产生的烟雾与指纹中的油脂粘合并发生化学反应,从而产生出白色可见的指纹痕迹。

而碘熏法不论在有孔还是无孔物质中都能有较好的呈现效果。我们把几种材料与碘晶体放入同一密闭容器中。当碘升华时，碘蒸汽就会产生出来，与指纹中的油脂或汗液发生化学反应生成红褐色的指纹痕迹，但是这种痕迹一旦生成，要尽快拍摄下来。因为碘易升华，碘升华后，刚刚所呈现的痕迹便会再次隐形。

与现实生活的联系

指纹在案件调查过程中起着越来越重要的作用。指纹一旦呈现出来便会得到分析。以往，这一过程往往是由指纹专家完成的。今天，我们可以利用指纹自动识别系统来对指纹进行观察和数字化分析。在指纹自动识别系统的文件夹中，指纹的纹脉细节都有明确标记。当指纹与数据库中的其他指纹相对比时，系统会在标记指纹中迅速查找。指纹自动识别系统使法医能够在几小时内从全世界的档案中查找某一未知指纹。这一技术使得罪犯不敢轻易跨国逃亡。

想要了解更多吗？

参见附录中"我们的发现"。

实验14　色谱分析法的最佳溶剂

题　目

普通溶剂所拥有的不同特性有助于识别不同的化学物质。

简　介

世界上第一篇关于色谱分析法的论文发表于1903年。植物学家和化学家米哈伊·谢苗诺维奇·茨维特（Mikhail Semyonovich Tsvet,1872—1919)用固体碳酸钙填充竖直的玻璃管,进而从绿叶植物中提取出天然色素。这一实验也同时开创了"色谱柱"这一基本概念。色谱柱是指某种吸附剂。当含有化合物的溶剂通过吸附剂后,其中的化合成分能够被分离出来。在色谱法中,被分离的化合物叫作溶质(被分离物)。能够溶解溶质并承载其通过色谱柱的溶剂叫作流动相。

通过色谱法在溶液中分离溶质的过程实际上是一个吸附的过程。这一过程是由构成溶液的分子与吸附剂表面分子的相互作用所引起的。当溶剂与化合物共同经过吸附剂时,被分离物会暂时吸附于吸附剂表面。由于化合物中各种成分吸附速度不同,它们会在吸附过程中彼此分离。而吸附速度则取决于被分离物与溶剂之间的溶解程度。一种化合物的吸附能力越强,它穿过色谱柱的时间就会越长。通常,吸附力的大小是由极性所决定:极性相反的微粒会彼此吸引。在本实验中,你将会操作一项简易的色谱分析实验,从而来评估哪种溶剂能产生最好的分析结果。

实验时间

35 分钟

实验材料

- 滤纸
- 3 种不同的黑色签字笔（永久性和水溶性）
- 5 个 150 毫升的烧杯
- 5 根搅拌棒
- 订书器
- 20 毫升蒸馏水
- 20 毫升乙醇
- 20 毫升异丙醇
- 20 毫升洗甲水（内含丙酮）
- 20 毫升松节油
- 实验记录本

安全提示

本实验中的一些溶剂属于易燃物品，在使用它们和其他化学药品进行实验时要注意安全。请在排风柜或通风良好的地方实验。请仔细阅读并遵守本书"实验前必读"中的"安全准则"。

实验步骤

1. 请将滤纸分为 5 小条，每条大约 7.6 厘米长。
2. 将每条滤纸的一端都牢牢地缠绕在搅拌棒中央。请将缠绕住的一端订好，确保纸条能够固定在搅拌棒上。当搅拌棒保持水平时，纸条没有固定的一端

实验 14　色谱分析法的最佳溶剂

可以悬垂。

3. 请选择一支黑色签字笔。在滤纸垂下的一端点一个重重的黑点。黑点大约位于距离滤纸边缘 0.6 厘米处。

4. 把搅拌棒水平横放在烧杯口处,从而使滤纸未固定一端悬垂在烧杯中(参见图 1)。小心地将溶剂倒入烧杯中。烧杯中的溶剂应能将滤纸底部浸没,但是又不要没过黑点处。然后使用剩下的搅拌棒、烧杯和溶剂重复上述操作。

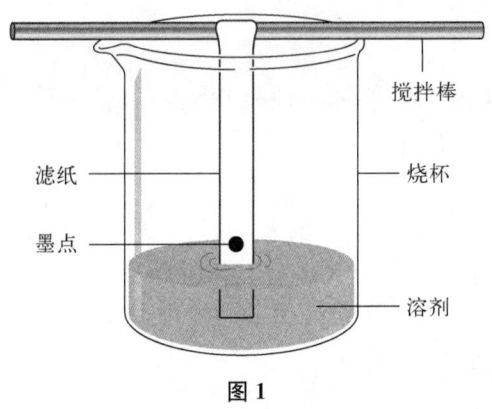

图 1

5. 请注意液体在毛细作用下会在每个纸条上留下痕迹。同时请观察哪种溶液能够溶解墨并且能使其在纸上呈现出来。

6. 请再用另外两支笔重复步骤 1—5。

分 析

1. 哪种溶液能够对每支笔都起到极好的溶解效果?
2. 请将使用过的溶剂按极性从大到小排列。
3. 用水做永固油墨笔的溶剂时,有什么实验现象? 为什么?
4. 当墨水被分离时,哪种颜色在滤纸上跑得最高?
5. 是什么促使各个颜色之间发生分离的?

实验中将会发生什么?

在这个实验中,我们使用 5 种不同的溶剂来测试 3 种不同的墨水。每种溶剂都在毛细作用下呈现在了滤纸上。如果墨水溶于溶剂,那么溶剂吸附在滤纸上的时候,墨水也会附在滤纸上。当墨水在滤纸上行进时,墨水内部的成分由于其相对质量不同而逐渐分离。较轻分子与较重分子比较,其行进速度更快,同时与原始溶液的距离也较远。在图 2 中,我们就能看到利用色谱法对 4 种墨的分离结果。

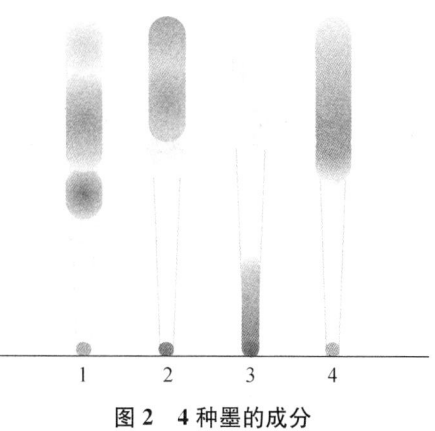

图 2　4 种墨的成分

在实验中,我们把溶剂按照从极性较高(水和酒精)到没有极性(松节油)的顺序排列。由于大多数墨处于离子状态或者有极性,在实验中极性溶剂似乎能够更加充分地溶解墨。根据"相似相溶原理",能够溶解墨点的溶剂与墨点具有一定相似的化学性质。换句话说,极性溶剂能够溶解墨中的极性分子,而没有极性的溶剂则能够有效地分解有机物中的色素,例如从菠菜中提取天然色素。

与现实生活的联系

由于色谱法是分离混合液体最有效的方法之一,所以它已经在全世界的实验室中加以应用。当实验室中发现一种新的物质时,科研人员就会用色谱法将它分离出来,做进一步研究。在法医学中,色谱法有很多用处。这一技术能够用来检测水源和食物源中的毒素,探查爆炸性原料,或者在犯罪现场识别未知药品。而在法医学中,色谱法最重要的使用便是凝胶电泳——一种 DNA 指纹分析技术。在这种色谱分析中,DNA 样本取代了我们实验中的墨点,而胶盘取代了滤纸。当电流通过胶盘时,残留下的指纹便会依附在胶盘上,并被分离。DNA 在每一次的检测中都会显示相同的图案。用这种方法,法医就可以用一个 DNA 样本与其他样本进行比较。

想要了解更多吗?

参见附录中"我们的发现"。

实验 14　色谱分析法的最佳溶剂

实验15　通过演绎推理揭示犯罪真相

题　目

通过演绎推理的方法，案件调查人员往往能够将一些线索和头绪转变成事实和结论。

简　介

演绎推论是一种通过逻辑和批判思维得出结论的推理方法。警方的调查人员经常并不是根据案件发生的实际顺序展开调查的。他们对证据和线索的收集顺序往往比较随意。当新的证据证实具有研究价值时，就会与其他线索放在一起，共同协助案件的侦破。

而一旦收集到大量的证据，案件的调查人员就会开始按适当的顺序组织各个线索。演绎推论能够将杂乱的案件线索依次排序，并得出逻辑性结论，从而使案件得到解决。

一个案件调查人员要具备的最基本的两种技能便是观察和思考。侦探往往都会将他们在犯罪现场发现的疑点记录下来，还会盘问目击者和犯罪嫌疑人，对验尸报告和实验结果做深入研究。所有这些行为都能够帮助调查人员清晰地了解线索所能提供的帮助。使用演绎推论法就是观察可用线索然后得出结论的过程。在本实验中，你将会通过演绎推论法来调查一起案件。

实验时间

50—60分钟

实验材料

- 铅笔或钢笔
- 实验记录本

安全提示

请仔细阅读并遵守本书"实验前必读"中的"安全准则"。

实验步骤

1. 请阅读下面的案件描述,并在实验记录本上进行相关记录。
2. 请阅读犯罪现场调查结果、验尸报告、目击者笔录和犯罪嫌疑人笔录,并进行相关记录。

案件描述

乔·亚历山大(Joe Alexander)是莱克星顿健康与球拍俱乐部的首席职业网球运动员,他于5月5日被发现死于俱乐部的办公室内。助理教练罗比·本顿(Robby Benton)和他的妻子吉尔(Jill)发现乔跌倒在球拍穿线机上(参见图1)。吉尔害怕得大叫起来,而罗比立刻用自己的电话拨打了911。夜班的门卫听到吉尔的尖叫声后立刻

图1　犯罪现场

实验 15　通过演绎推理揭示犯罪真相

冲进了办公室。电话记录显示911的接线员是在晚上8:28接到的报警电话。

关于犯罪现场的记录

警察和救护车于晚上8:42到达俱乐部。乔·亚历山大于晚上8:49被宣布死亡。警方的调查人员在仔细勘查过犯罪现场后,记下了以下要点:

- 乔的脖子上缠绕着几缕球拍线。
- 乔的尸体面部朝下倒在球拍穿线机上。
- 从乔的衣服上找到两根金色的毛发和四根白色的毛发。
- 乔身高1.75米,深棕色头发。
- 乔穿8号网球鞋、白色网球短裤和白色俱乐部T恤衫。
- 在球拍穿线机的边缘发现有小片红色布料。
- 乔的鼻梁上有一道疤痕,脸部也有一些模糊的抓痕。
- 在大门和乔办公室之间的地毯上,发现一对泥巴脚印,大小为男鞋10号和女鞋11号。

乔的员工兰斯·约翰逊(Lance Johnson)的笔录

- 乔是俱乐部中竞争最激烈的女子网球队的教练。
- 球队每周四晚上6—7点在俱乐部训练,周日下午1点会打比赛,比赛地点可能在城中有场地的任何地方。
- 球队中有10个女队员。最好的8个每周日都会上场比赛,而另外两个则交替上场。
- 乔新买了球拍穿线机,他还会通过给会员编球拍线来赚取外快。
- 乔在本年度参加了很多场的男子锦标赛。

助理网球教练罗比·本顿的笔录

- 周二晚上的训练由于大雨的原因而缩短了,乔在大约晚上6:20的时候中止了训练。
- 10个女队员中,只有1个队员玛丽(Mary)缺席。玛丽在训练开始之前打过电话,她由于蜂蜇伤而出现过敏反应,当时她正在急诊室看病。
- 开始下大雨后,所有的女队员都跑向了她们位于停车场的汽车。
- 由于最近乔正在教罗比如何给球拍穿线,晚上6:20—7:35的时候,他们在乔的办公室给球拍穿线。吉尔经过办公室,并询问他们两个是否要到楼上的俱乐部餐厅吃点东西。乔谢绝了吉尔的邀请,而罗比·本顿和妻子去了餐厅。
- 罗比和吉尔大约在晚上8:28回到乔的办公室,并看到乔已经跌倒在穿线机上。吉尔大叫求救,而罗比打电话给911。吉尔的叫声引起了夜班门卫的注意。
- 当罗比和吉尔进办公室的时候,屋内有强烈的麝香味的古龙水味道。他们认为这有些不寻常,因为乔、罗比和吉尔都不使用古龙水或香水。

当被问到是否有人会蓄意伤害乔的时候,罗比和吉尔提供了以下信息
- 网球队的10个队员中,有8个人是确实挺喜欢乔的。有两个队员——南希和玛丽似乎不太喜欢他。他曾经将这两名队员降级到替补的位置,使她们不能参加比赛。玛丽最近曾经约乔出去,但是乔表示自己没有兴趣跟她约会。
- 乔正在跟简·格林(Jane Green)约会。简是俱乐部会员弗雷德·格林(Freddie Green)的女儿。弗雷德已经严厉地警告过乔好几次不要再跟自己的女儿约会,因为他不满乔和简之间10岁的年龄差距。
- 上周乔参加了俱乐部里的锦标赛并且一如既往地赢得了比赛。在半决赛的时候他的对手是大卫·琼斯(Dave Jones)。他在球场上羞辱大卫,嘲笑他总是接不住自己的快速发球。比赛后,大卫警告乔说他会为自己这种羞辱别人的行为付出代价。
- 乔最近曾为盖瑞·莫里森(Gary Morrison)编织球拍。盖瑞要求乔把球拍编得紧一些。乔劝告他说这种力度对于盖瑞昂贵的新球拍来说有点太紧了。第二天盖瑞打球的时候球拍就崩裂了。盖瑞冲进乔的办公室指责乔编的球拍是伪劣产品,要求乔为他买一副新的球拍。他的球拍价值500美元。乔拒绝了盖瑞,盖瑞怒气冲冲地走出了办公室。
- 瑞恩·琼斯(Ryan Jones)和杰夫·泰纳(Jeff Turner)都是乔的队里女队员的丈夫。在很多场合他们都曾经指责乔有不适宜的言谈举止,怀疑乔追求他们的妻子。事实上,他们两个都曾经公开威胁过乔。

夜班门卫汤姆·斯文尼(Tom Sweeny)的笔录
- 两三天前,汤姆无意中听到乔在电话里说他最近和俱乐部的一个会员打过架。汤姆没有听到那个人的名字,但是他的确听到乔说那个人抓伤了他的脸而且他的鼻子也伤得很严重,打他的人还警告他说下次会打他打得更厉害。
- 乔死的那晚,汤姆走进乔的办公室的时候闻到了一股很浓的麝香味的古龙水的味道。
- 关于罗比和吉尔所给的可能伤害乔的人的信息,汤姆也证实了其真实性。
- 汤姆还说,他觉得乔的为人还可以,但是他的确很喜欢炫耀,而且有时候难以相处。

基于目击者笔录的推论
警察确定罗比、吉尔和汤姆都不是嫌疑人,因为俱乐部的好几个会员都能证明,他们3个人在案发时确实不在场。

验尸报告
验尸报告是在案发第二天出来的,具体内容如下:
- 死亡的原因是勒死。罪犯所使用的武器是乔穿线机上的球拍线。从勒痕的角度来判断,凶手很可能要比死者高。
- 乔面部和鼻子上的抓伤是3天前的旧伤。这些伤痕是由人所致而非动物。
- 所发现的白色猫毛和金色头发都是在乔的身上发现的。
- 从穿线机上取下的红色布片被证实是尼龙,而且很可能来自尼龙做的工作短裤。

在确定此案为谋杀案后,警察锁定并盘问了几个犯罪嫌疑人。每个人都否认自己与乔的谋杀案有关。以下就是从笔录中获得的信息:
- 瑞恩是一名银行借贷职员,杰夫是一名高尔夫球教练,他们的妻子都是乔球队里的队员。
- 盖瑞是一名兽医。
- 只有弗雷德的鞋号小于男鞋10号或女鞋11号。
- 瑞恩、大卫和弗雷德都使用古龙水。
- 盖瑞在俱乐部里做兼职。他每周四晚7:30—8:45教授自由搏击课,而且两年来从未缺课。
- 杰夫和南希身高都是1.79米,但是玛丽比南希矮2.5厘米。
- 瑞恩、杰夫、盖瑞和南希都是金发。
- 瑞恩、南希和弗雷德都养了白猫。
- 弗雷德经常会上盖瑞周四晚上的自由搏击课,但是上周四他没有来上课。
- 南希使用香水。
- 在谋杀案当晚的训练后,南希去了商场。她在一家男装店里工作。她在商场的剧院与自己的朋友碰面。她还保留着晚上7点的电影票。
- 玛丽对猫和香水过敏。
- 瑞恩、盖瑞和大卫都毕业于美国佐治亚大学(University of Georgia),他们在健身房运动的时候经常穿着斗牛犬队的红黑相间的队服。

- 大卫和玛丽都是黑头发,而弗雷德是光头。
- 瑞恩、盖瑞和大卫都高于 1.85 米。
- 弗雷德比大卫矮 7.5 厘米。
- 除了杰夫,所有的嫌疑人都热衷于跑步,他们经常穿着运动短裤在健身房出现。
- 大卫饲养仓鼠而杰夫有一只狗。
- 瑞恩、杰夫、大卫和弗雷德说谋杀案发生的时候他们都在家里,但是没有人能为他们证明。
- 南希毕业于美国佛罗里达大学(University of Florida),而且讨厌红色。

3. 所有的证据已被收集起来,乔·亚历山大的档案也就被建立了。请用演绎推断法查明,谁最可能是谋杀者。请将你收集到的数据进行整理并填到以下的数据表中。下表中列举了 7 位嫌疑人的名字。每当你发现嫌疑人与犯罪现场有联系的证据时,就在嫌疑人的名字下面画叉。当你完成这个表格后,哪个名字下面画的叉最多,谁就有最大的嫌疑。

数 据 表

嫌疑犯	鞋码与脚印相符	头发颜色与发现的头发颜色相符	是否养了白猫	是否穿尼龙运动短裤	比受害者高	是否穿个红色服装	是否使用香水	未能给出有人证实的不在场证明
瑞 恩								
杰 夫								
盖 瑞								
大 卫								
弗雷德								
南 希								
玛 丽								

分 析

1. 根据数据表的内容,谁最有可能是谋杀者?
2. 谁最不可能是谋杀者,为什么?

3. 哪个犯罪嫌疑人能够出示可信的不在场证据？
4. 请列举 7 位嫌疑人可能的杀人动机。
5. 哪项证据在 1 小时后或者如果目击者没有及时发现就会消失？
6. 你确定最有可能的嫌疑犯真的犯有谋杀罪吗？请给出理由。
7. 请解释你是如何使用演绎推论的方法侦查案件的。

实验中将会发生什么？

在这项活动中，我们会利用数据表对犯罪现场的记录和线索进行整理。通过演绎推理法，我们会从线索中得出结论。

在整理数据表中的线索时，我们发现瑞恩的每个栏目下都有叉，这使他成为最大的嫌疑人。虽然有很多不利的证据指向瑞恩，但是他还是有可能证明自己没有犯罪。而且大量的证据表明，调查人员还需对瑞恩进行更加深入的调查。

在这起案件中的所有嫌疑人都有杀人动机，但是只有几个人有不在场的证据。盖瑞正在上自由搏击课，玛丽由于蜂蜇伤正在急诊室里就医。南希有证据证明当时她在电影院。而其他 4 个嫌疑人，在案发时没有人知道他们在哪里。

与现实生活的联系

亚瑟·柯南·道尔爵士（Sir Arthur Conan Doyle）侦探小说的主人公夏洛克·福尔摩斯（Sherlock Holmes）就非常善于使用演绎推理法。他通常都是从案件的结果着手向前推理，通过收集证据和线索最终找到解答案件谜团的方法。

在道尔的很多书中，夏洛克·福尔摩斯都是通过逻辑思维和演绎推断来解读证据的。他似乎天生就能够从看似毫无意义的证据中找到蛛丝马迹。在《雷盖特村之谜》（Reigate Puzzle）这本书中，福尔摩斯说道："侦探艺术最重要的部分便是察觉的能力。在众多的线索中，发掘哪些是偶然的，哪些是必然而关键的。否则你会浪费大量的精力而不能集中精神。"

在道尔的很多书中，福尔摩斯都被那些未经训练的观察者指责说是靠猜测来侦破案件的，而福尔摩斯的一个经典回答就是："当你排除所有的不可能，尽管不是必然的,但是剩下的就一定是真相。"今天,成功的案件调查者都拥有小说中福尔摩斯的这一特点:他们都是熟练的逻辑思考者。

想要了解更多吗?

参见附录中"我们的发现"。

实验 16　两种血液推定测试的比较

题 目

不同血液推定测试在准确性和实验价值上是不尽相同的。

简 介

在犯罪现场，调查人员往往需要了解他们偶然发现的污迹是不是血迹。然而血迹与番茄酱、油漆及铁锈的痕迹很相似，因此调查人员很难单纯靠肉眼观察而得出结论。推定血液测试是测定所发现的污迹是否为血液的基本测试。这些测试不能确定血型或区分人血与动物血，但在筛选污迹类型方面有很大作用。

两种比较普遍的推定测试是过氧化氢测试和侦测法。过氧化氢酶是血液中的一种酶，而这两种测试法都是基于过氧化氢酶的活动而实施的。过氧化氢酶能够加速过氧化氢转化成水和氧气的化学反应，而氧气以气泡的形式释放出来。反应的化学方程式为：

$$2H_2O_2 \longrightarrow 2H_2O + O_2$$

这一生物化学反应对生命体来说是至关重要的，因为过氧化氢是在基础新陈代谢过程中所产生的一种有害废物，过氧化氢的分解能够保护机体组织免受伤害。

在血迹上滴几滴过氧化氢就能立刻引起过氧化氢的分解，污迹会由于释放氧气而产生丰富的气泡。正是由于这个原因，在这个过氧化氢阳性测试中,气泡会被认为是血液存在于污迹之中的证明。

第二种血液推定测试是侦测法。这种分析方法需要使用含有酚酞与过氧化氢的特殊溶液。溶液的颜色如果从黄色变成亮粉色,那么就证明有血迹存在。图1为我们展示了酚酞溶液试剂在阳性测试中所呈现的颜色。在本实验中,你将对过氧化氢血液推定测试与侦测法作出比较。

图1　阳性侦测法测试

实验时间

55分钟

实验材料

- 乙醚(置于滴管中)
- 过氧化氢(置于滴管中)
- 酚酞溶剂(置于滴管中)
- 脱离子水(置于滴管中)
- 6根棉签
- 滴在棉布上的2滴牛血
- 棉布上的5种未知污迹
- 实验记录本

安全提示

用化学药品进行实验时,请注意佩戴手套和防护眼镜。请仔细阅读并遵守本书"实验前必读"中的"安全准则"。

实验16　两种血液推定测试的比较

实验步骤

1.请使用过氧化氢操作阳性对照实验,方法如下:

① 请将棉签在少量的脱离子水中沾湿。

② 请用湿润的棉棒擦拭一滴牛血,以便将血液样本收集到棉签上。

③ 向棉签上的血迹滴几滴过氧化氢。

④ 请注意观察过氧化氢和血液之间的反应。冒出气泡便是这一阳性血液推定测试的实验现象。

2.请使用侦测法实施一项阳性对照实验,方法如下:

① 请将棉签在少量的脱离子水中沾湿。

② 请用湿润的棉棒擦拭另一滴牛血,以便将血液样本收集到棉签上。

③ 向棉签上的血迹滴几滴乙醇。

④ 向棉签上的血迹滴几滴酚酞试剂。

⑤ 向棉签上的血迹滴几滴过氧化氢。溶液逐渐变成粉色便是这一阳性血液推定测试的实验现象。

3.使用过氧化氢对5种未知污迹进行测试,观察这些污迹中是否含有血液。请将你的实验结果记录到标有"过氧化氢测试"一栏下。

4.使用酚酞试剂对5种未知污迹进行测试,观察这些污迹中是否含有血液。请将你的实验结果记录到标有"侦测法测试"一栏下。

数 据 表

	过氧化氢测试	侦测法测试
1号未知污迹		
2号未知污迹		
3号未知污迹		
4号未知污迹		
5号未知污迹		

分析

1. 为什么调查人员需要确定污迹中是否含有血液？
2. 请描述过氧化氢推定测试。
3. 请描述侦测法推定测试。
4. 什么是过氧化氢酶？
5. 土豆片也可以进行阳性过氧化氢酶测试，你知道是为什么吗？
6. 你更喜欢哪种推定测试？是过氧化氢血液推定测试还是侦测法？请给出理由。

实验中将会发生什么？

为了找到污迹与犯罪现场的相关性，调查人员首先要查明的便是污迹中是否含有血迹。过氧化氢检测法是一种简便而廉价的血液推定测试法。过氧化氢酶是血液中一种特有的酶。在检测过程中，一旦有气泡产生，便暗示着污迹中含有血液成分。然而尽管过氧化氢方法有不少优点，但是如果含有其他过氧化氢酶的组织存在于被测对象中，这种测试也会显示错误结果。

酚酞溶液由酚酞配制而成，呈现黄色。在实施侦测实验时，我们首先要将污迹在酒精中清理一下，提高污染物的反应敏感性，从而释放一种血液中特有的蛋白质——血红蛋白。我们先将酚酞溶液滴入清洁后的污迹中，然后再加入过氧化氢。就化学成分来说，过氧化氢就是普通的水再多出一个氧原子，这使这种化合物非常活泼。血红蛋白与过氧化氢反应所产生的电子能够氧化酚酞溶液，使溶液变成深粉色（参见图2）。由于侦测法比较依赖于血红蛋白的存在，而不是过氧化氢酶，因此这种方法在血液测试方面更加可信。

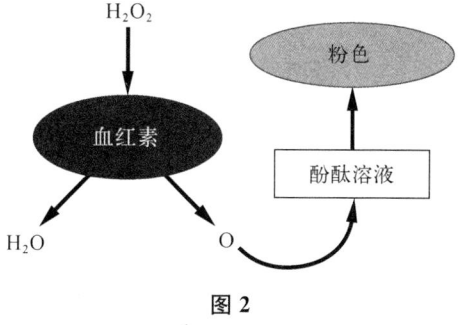

图2

与现实生活的联系

一种好的血液推定测试往往只用血迹的很小部分就可以进行实验,其余部分还可以作为证据进行进一步分析。其他的血液推定测试还包括联苯胺法、邻联甲苯胺法、四甲苯联苯胺法和液态甲烷气法。联苯胺法和邻联甲苯胺法是两种较为相似的化学测试。当它们接触到血液后都会变成蓝色。然而,这两项实验中都含有一种能致癌的基础原料,因此我们很少使用这些方法。四甲苯联苯胺法则相对安全,实验过程中它会变成介于绿色和蓝绿色之间的颜色。液态甲烷气法则是一种产生绿色的阳性测试,但是没有四甲苯联苯胺法准确。

其他的血液化学测试还有化学发光分析法、荧光法、鲁米诺试剂法和荧光素法。血液在这些测试中都会生成鲜艳明亮的颜色,并且血迹现形后,需要立刻拍摄或录制下来。这些发光测试都有高度的准确性和敏感度,即使是旧的血迹和表面被清理过的血迹也都能被用于这种阳性测试。但是这4种测试的缺点就在于:它们都会对证据造成破坏而妨碍以后的深入研究。

想要了解更多吗?

参见附录中"我们的发现"。

实验 17　餐具所导致的铅中毒

题　目

餐具的含铅量足以成为铅中毒的来源。

简　介

早在公元前 6000 年,铅就已经被开采出来了。这种重金属由于其易加工性和防腐蚀性一直受到广泛的好评。但是,铅也会对我们的健康产生严重的威胁。铅中毒会引发很多健康问题,特别是对儿童会产生更严重的威胁。铅一旦进入血液中,就会附着在一种重要的酶上,而这种酶是可以加速生化反应的。这种酶之所以会与铅相结合,是因为铅与人体所需的一些金属如钙和铁具有一些相似性。这些酶的基本作用包括协助从消化到神经处理等一系列的人体基本功能。但是一旦与铅结合,这些酶的基本作用则不能发挥出来。这样,铅中毒所产生的影响不仅是多样的而且还会扩展到整个身体。铅中毒引起的健康问题包括一些神经问题,比如多动症、失眠症、学习障碍甚至是癫痫和昏迷。消化系统的问题则从呕吐到食欲降低和体重骤减都可能出现。由于铅还会影响身体的健康,因此它对小朋友的伤害会更加严重。

现在,大多数的人都已经意识到了铅的危险性。在美国,人们铅中毒主要是因为吸入或吞下壁画、餐具或玩具中含铅的染色剂。近年来,一些玩具由于颜料中可能含有铅而被生产厂商召回(参见图 1)。

图1 被召回的玩具

颜料中铅成分的鉴定是至关重要的。很多公司都制造和配备了探测铅的机器装备,这些装备利用氧化还原反应来制造铅离子。这种离子发生化学反应而改变指示剂的颜色。在本实验中,你将会对几件餐具进行检测,查明其中是否含有铅成分。

实验时间

35分钟

实验材料

- 50毫升2.0摩尔玫棕酸钠溶液
- 3件不同餐具的样本
- 消毒棉签
- 200毫升白醋
- 纸巾
- 实验记录本

安全提示

进行化学实验时,请注意佩戴防护眼镜和手套。请注意不要用手指触碰棉签头部,以防污染棉签。请仔细阅读并遵守本书"实验前必读"中的"安全准则"。

实验步骤

1. 查看现有的 3 件餐具样本。请预测它们是否带有含铅油漆。请把你的预测记录在数据表中。
2. 将纸巾用白醋沾湿。用白醋擦拭一遍餐具。务必保证盘子都被白醋擦拭过。
3. 将棉签在玫棕酸钠溶液中沾湿,并用棉签在盘子上擦拭。如果盘子的颜色变成了红色,则说明其中有铅的存在。请将你所观察到的实验现象记录在数据表中。
4. 对每件餐具重复步骤 2 和步骤 3。
5. 请把所有的棉签和纸巾放在指定的容器中。

数 据 表

	预 测	观察的结果
1 号餐具样本		
2 号餐具样本		
3 号餐具样本		

分　析

1. 你预测得准确吗？请在每次预测之后给出原因。
2. 你觉得在实验中使用白醋的目的是什么？
3. 为什么要小心不要污染棉签？
4. 如果棉签被污染了,会发生什么？
5. 如果我们在家中使用含铅的餐具准备食物,会产生怎样的后果？

实验中将会发生什么？

当含铅的餐具表面擦拭白醋后,铅离子就会形成。这是由于铅原子离开了电子,从而生成了带有正电荷的微粒。当我们在富含电子的玫棕酸钠溶液中释放铅离子(铅离子中缺少电子)时就会发生氧化还原反应。在这一反应中,玫棕酸钠溶液与铅离子相互吸引。这种由各种原子构成的复合物质颜色就会比较深。污染是这个实验中比较值得担心的问题,因为我们每天都会在生活环境中接触到铅,而这些铅很容易被带到实验中,影响实验的准确性。如果我们的手碰到了盘子,然后又碰到了棉签,就可能会产生错误的实验结果。

与现实生活的联系

虽然现今有很多措施来减少我们生活中铅的来源,但是铅中毒仍然威胁着人类健康,特别是对儿童的危害更加严重。成年人和儿童每天接触到的铅量是相同的,然而,由于孩子更容易把手放进嘴里,因此,他们所吞下的铅成分可能更多。除此之外,成年人的身体系统已经发育完全,比较不容易受到铅的侵害。为了防止铅中毒,环境中的很多铅毒来源都已经被减少或根除了。在20世纪70年代中期,第一项铅中毒研究就指向了汽油中的铅成分添加剂。铅能够减少能源缺乏带来的问题,也可以使汽车行驶得更加流畅,而提倡减少汽油中铅的含量就迫使制造商们去寻找铅的替代品。从1996年开始,所有的汽油基本都是无铅汽油了。

几个世纪以来,铅也被用来当作是粉刷房子的天然颜料。事实上,建于1978年以前的房子所使用的都是含铅颜料。当一座旧房子需要修复时,铅尘就会释放出来并被人所吸入。1978年,含铅超过0.06%的颜料都被禁止使用了,从那时起出产的颜料基本上都是无铅的。

如图2所示,铅也被用于装饰盘子等餐具。铅釉使成品摸起来光滑,使底漆散发光泽。而且铅釉能够防止潮气渗透油漆,使图案更加持久。很多艺术家对铅釉的喜爱超过其他颜料就是这个原因。食物放在含铅的餐具中也会把铅吸收其中。如果你怀疑餐具含铅,那么请提前预防。避免将高酸性的食物放入盘中,不要在盘中加热食物,也不要在盘中储存食物。为了完全的健康,请检测一下盘子,如果检测结果为阳性,那么就不要使

图2 含铅的餐具

用它们盛放食物了。

想要了解更多吗?

参见附录中"我们的发现"。

实验 18　微量物证——闪粉

题 目

闪粉是从受害者和犯罪嫌疑人身上收集到的一种微量物证,调查人员能够以此为特征,把与案件相关联的线索联系起来。

简 介

当两个人有身体接触时,会在彼此的身上留下一些物质。如果这种接触是一种犯罪行为,那么接触中互相传递的这些物质就被称为微量物证。微量物证包括毛发、纤维、尘土、颜料残余、玻璃片及火药残渣。很多微量物证都是非常微小甚至是看不到的,因而很容易被粗心的人忽略。闪粉就是一种微量物证,在案件的调查中非常有价值。

很多的化妆品中都含有闪粉,比如像香粉、腮红、口红和眼影。而且,闪粉还可以覆盖于其他化妆品之上,使妆容焕发光彩。闪粉还有上百种其他用途。比如它可以添加到颜料、小珠子、蜡烛和邮票中,在美术和工艺界同样受欢迎。闪粉可以加入到纺织品中,比如一些衣服上的闪亮条纹和时尚饰品都会含有闪粉。装饰者和花商也会将闪粉用于鲜花或干花饰品中。玩具、装饰品、塑料和颜料中都会含有闪粉。在本实验中,你将对几种来源不同的闪粉进行实验,从而测定闪粉是否各有特点。

实验时间

55 分钟

实验材料

- 5 种来源明确的闪粉
- 来自"犯罪现场"的闪粉样本
- 显微镜
- 显微镜载玻片
- 显微镜盖玻片
- 用于滴水的滴管
- 透明米制直尺
- 实验记录本

安全提示

请仔细阅读并遵守本书"实验前必读"中的"安全准则"。

实验步骤

1. 用样本 1 制作一个湿润的闪粉样本载玻片,方法如下:
① 用镊子取一些闪粉。
② 将闪粉置于载玻片上。
③ 在闪粉上滴 1 滴水,然后用盖玻片将湿润的闪粉盖好(参见图 1)。
2. 在显微镜下观察载玻片,方法如下:
① 把载玻片放在载物台上,用低倍镜头观察。
② 更换中倍镜头再次观察。
3. 将闪粉的颜色记录在数据表中。

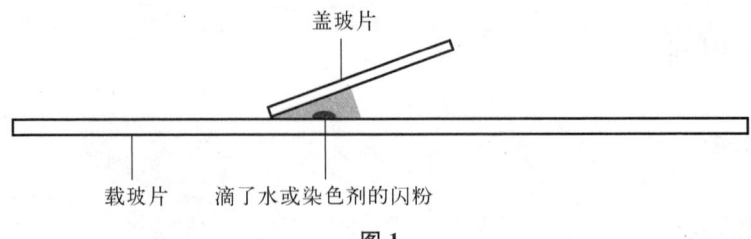

图 1

4. 请在数据表中描述或画出闪粉的形状。

5. 请将透明直尺放在载玻片上测量 1 片闪粉。直尺上 1 格代表 1 毫米，请测量 1 片闪粉的大小，并在数据表中记录。

6. 请对其他闪粉样本重复步骤 1—5。

7. 请对"犯罪现场"发现的闪粉样本重复步骤 1—5。

数 据 表

	颜 色	形 状	大 小
1 号闪粉样本			
2 号闪粉样本			
3 号闪粉样本			
4 号闪粉样本			
5 号闪粉样本			
取自犯罪现场的闪粉样本			

分 析

1. 什么是微量物证？

2. 理想的微量物证有以下特点：

① 几乎看不见

② 容易移动

③ 具有高度个性化

④ 易采集

你觉得闪粉具有哪些特点，并解释原因。

3. 请对你能在犯罪现场找到的闪粉再实施一次实验,通过对它的鉴别而将其挑选出来。

4. 你认为闪粉能用来指证嫌疑人与犯罪现场之间的联系吗?

实验中将会发生什么?

每个真正卷入犯罪的人都会由于他的出现而留下蛛丝马迹,或者他会从犯罪现场带走一些别人留下的痕迹。理想的微量物证是具有高度个性化并能追踪到一定来源的证据。虽然闪粉可能不能完全满足"理想"的标准,但是也比较接近。闪粉来源于由冲压机将大片金属冲压成的细小碎片。不同的生产商切割的闪粉的大小也不同。现在至少已经鉴别出 10 种不同大小的闪粉。而且,闪粉的形状也是不同的(参见图2)。有些闪粉片是长方形,而有些是六边形或三角形。闪粉片的厚度也是多种多样,这取决于冲压时是单片金属还是多层复合在一起。由于制造闪粉的原料是不同的,所以闪粉颗粒的密度也不同。而所有这些变化意味着闪粉几乎都是不一样的,而在犯罪现场所发现的闪粉也很可能与嫌疑人身上的闪粉相匹配。

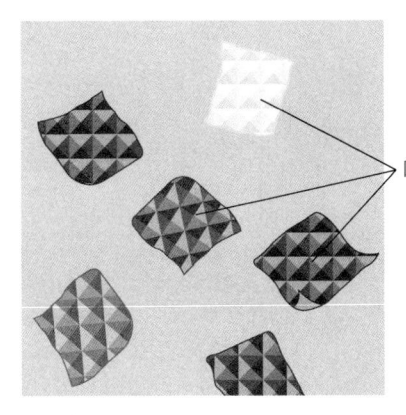

闪粉碎片

图2

与现实生活的联系

闪粉在解决疑难案件时已经起到了至关重要的作用。在美国密苏里州,特拉维斯·格拉斯(Travis Glass)被控谋杀一名 13 岁的女孩。闪粉就为这起案件提供了有力的证据。格拉斯是死者父亲雇用的一名酒保。死者与格拉斯只是在酒吧里和死者家中见过几次。一天晚上,死者独自在家,她的父母在外工作,而其他的弟弟妹妹则在保姆家中。当死者的妈妈回到家中时发现她的女儿失踪了。警察接到报警后立刻展开搜寻。据邻居反映,他们看到格拉斯的车在当晚较晚时候停在死者家门前。格拉斯很快被传讯到警局接受问询,而且他的车和

实验 18 微量物证——闪粉

房子也被搜查了。调查人员检测到了格拉斯衣服和车上的微量物证，发现了闪粉。而这种闪粉与死者所使用的喷雾香水中含有的闪粉完全吻合。

想要了解更多吗？

参见附录中"我们的发现"。

实验 19　冷却的速度

题 目

环境会影响尸体冷却的速度。

简 介

其实我们很难推断出死者准确的死亡时间,一般只能是做大概的估算。不过死者死后身体内发生的一切化学变化的确能够帮助我们对死亡时间作出判断。这些变化包括死者身体僵化或死后僵直程度、机体组织变色或尸斑出现的程度以及尸体体温或尸冷。正常人的体温大约是37℃,而一旦死亡,体温就会逐渐下降,一直降到与周围环境的温度基本相同。正是由于这个原因,在调查过程中调查人员需要了解尸体温度和周围环境的温度。通过了解体温冷却的速度,调查人员能推算死者大概的死亡时间。如果从死亡到验尸的时间间隔较短,即验尸间隔短的话,那么调查人员对死亡时间的确定就会相对准确。而一旦尸体与周围环境的温度相同了,那么这种估算技术也不再有用了。在本实验中,你将设计一系列的程序来对比机体组织在空气中和水中冷却的速度。

实验时间

55分钟

实验材料

- 两只小的生鸡翅膀
- 两个温度计
- 一个容积为 4 升的塑料袋
- 隔热垫
- 纸盘
- 用来装水的 400 毫升烧杯
- 钟表
- 方格纸
- 手套
- 实验记录本

安全提示

在使用鸡翅做实验时请小心仔细。洗手,并清洗所有跟鸡翅有关的东西,注意佩戴手套。请仔细阅读并遵守本书"实验前必读"中的"安全准则"。

实验步骤

1. 请你设计并实施一套实验,来对比有机体在空气中和水中冷却的速度。

2. 教师所提供的全部实验器材和药品都可以使用,但不用全部应用。如果你想使用额外的实验设备,请与教师沟通,看这些设备是否可用。

3. 在实验开始之前请仔细作出计划,写下你所要采取的实验步骤并在下面的数据表中写出计划使用的原料(实验材料)。请将实验步骤和原料单给教师检查。如果获得教师的认可,就可以开始实验了。但是如果教师提出异议,请修改计划,并再次交给教师检查。

4. 在你设计实验的时候,请注意以下几点:

① 控制一切变量。在这个实验中,我们想要比较的是鸡翅膀的机体组织在

空气中和水中冷却的速度,请注意保持其他一切变量都是相同的。变量基本包括以下内容:鸡翅的大小、空气和水的即时温度、实验的实施地点。当然,变量的内容不止这些。

② 请多进行几次实验。

③ 在进行实验时,请保持记录的准确性。记录方式包括描述、测量和画图。如果实验步骤和方法都恰当,请把你的实验结果记录在数据表中,并画出相应的曲线图。

5. 如果教师对实验表示认可,收集所需要的实验材料并开始实验。

数 据 表

你的实验步骤	
你的实验材料	
教师的意见	

分 析

1. 你觉得体格较小的躯体冷却得快还是体格较大的冷却得快?为什么?

2. 根据你的实验结果判断,哪种情况下肌体冷却较快?在水中还是在空气中?为什么你会这样想?

3. 你认为覆盖衣物会影响躯体冷却的速度吗?为什么?

4. 你觉得风会影响冷却的速度吗?为什么?

5. 根据你的实验结果判断,鸡翅在空气中冷却的速度是怎么样的?在水中呢?

实验中将会发生什么?

英国物理学家艾萨克·牛顿爵士(Sir Isaac Newton,1643—1727)曾说过:

体积较小的无机物质冷却的速度是物质本身的温度和环境温度共同作用的结果。图表中所显示的是随着时间的流逝,物质的温度呈曲线下降的趋势(参见图1)。然而,由于人体是由有机物和大量的水构成的,所以这种相关性并不能直接被用于人体。另一个影响人体冷却的原因则是人体的表面积相对较大,而且形状不规则。图表中显示,人体的冷却速度成"S"形曲线(参见图2)。首先,体温慢慢下降,然而一段时间后,曲线保持平直,随着体温逐渐与环境温度相同,人体会再次慢慢冷却。

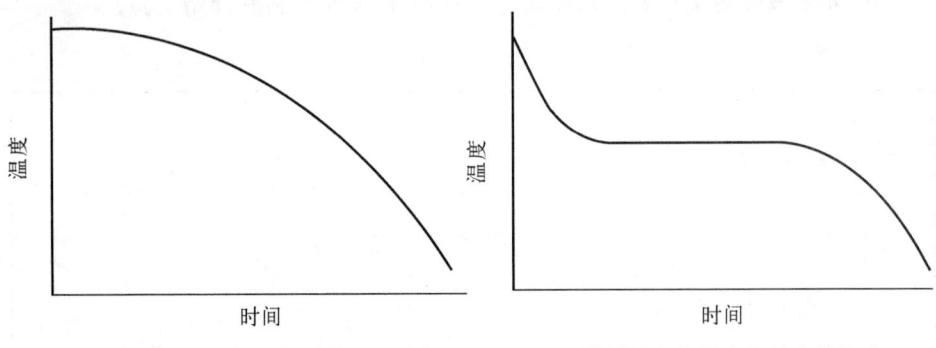

图1　随时间变化而变化的物质温度　　图2　随时间变化而变化的人体温度

凭经验来说,身体暴露于空气中,体温下降的速度大约是1小时下降0.3℃,直到身体与环境气温相同。这一规律可以简单地用公式表达:大约死亡时间=37℃-体温÷1.5。在这个计算中,很多因素都要被考虑到。天气冷时比热时身体冷却得速度快。除此之外,体格较大的人也没有体格小的人冷却得快。衣物能使身体保温,降低冷却速度。在一些案例中,由于死者死前曾使用药物或者有疾病,体温会异常的高。另外,由于水是温度的优良导体,因此,身体在水中的冷却速度要快于空气中的速度。通常身体在静水中的冷却速度是在静止空气中的2倍。在流水中,身体的冷却速度能快3倍。

与现实生活的联系

当在犯罪现场发现一具尸体时,调查人员的首要任务之一就是测量其体温。在喜剧演员约翰·贝鲁西(John Belushi)的离奇死亡案中,部分侦破关键就是靠分析体温来进行的。贝鲁西于中午12:35被发现死于自己的家中。被发现时,贝鲁西全身僵硬而且皮肤颜色改变,这些迹象表明他的死亡时间大约在前一天晚上的8:30—10:30之间。然而,体温测量结果却与这一推断相悖。在其死后4小时测量他的体温时,体温显示仍然有35℃。如果单纯根据体温来判断,人们可能会认为他的死亡时间大约在当天凌晨1点钟,然而这是不可能的。为了解释这一不合理现象,病理专家推断死前贝鲁西的体温一定有较大的提升。而影响人体体温的因素包括某些疾病和药物的使用。最终,贝鲁西的朋友凯西·史密斯(Cathy Smith)的坦白解开了这个谜团。她承认在贝鲁西死前的晚上大约8:30,她曾给贝鲁西一支可卡因和海洛因混合注射剂。这两种药物的混合使贝鲁西死前体温要比正常体温高几度。鉴于其在案件中的角色,史密斯被判过失杀人罪。

想要了解更多吗?

参见附录中"我们的发现"。

实验20　纺织纤维的横断面

题　目

横断面分析有助于对纤维的分辨识别。

简　介

在法庭辩护的时候,纤维是一种微量物证。微量物证是指那些在案件中出现的质量和体积很小的物质,比如纤维、颜料、毛发和油漆或玻璃碎片。纺织品是经过加工制造而成的产品,而纤维是纺织品的最小单位。纤维可能来源于植物或动物,也可能是人造制品。作为纺织业中应用最普遍的一种纤维,棉织品就是用植物制造而成。毛的原料来源于羊毛,几个世纪以来被广泛应用于服装、毛毯和地毯的制造中。

人造纤维可能来自人造原料,也可能是通过对自然物质的加工制造而成的。各种人造纤维往往各有特点,而区别其特点的一种方法就是研究它们的纤维横断面的形状。人们用利器在与纤维走向互相垂直的方向上将纤维切断后就可以看到它的横断面。在本实验中,你将会使用纤维横断面的载玻片测试各种纤维,进而将它们与"犯罪现场"发现的纤维比较。

实验时间

55分钟

实验材料

- 大约 5 厘米×5 厘米的小块石蜡
- 6 个小纸杯或涂蜡纸杯
- 5 种未知纺织纤维（颜色相同）
- 来自"犯罪现场"的纺织纤维
- 加热盘
- 大烧杯
- 小烧杯
- 烧杯钳
- 显微镜
- 解剖刀或剃刀
- 6 块载玻片
- 剪刀
- 密封胶带或标签
- 牙签或吸管
- 水源
- 实验记录本

安全提示

使用电炉子、热水和热石蜡做实验时请注意安全。石蜡在高温下属于易燃物质，所以不要让它与电炉子接触。使用解剖刀或剃刀时请注意安全。请仔细阅读并遵守本书"实验前必读"中的"安全准则"。

实验步骤

1. 请使用胶带或标签在杯子上标明"A""B""C""D""E"和"犯罪现场"。
2. 取一种纤维别上标签"A"，并放在 A 杯中。

实验 20　纺织纤维的横断面

3. 对其余的杯子和纤维重复步骤2。

4. 请用大烧杯取半杯热水，把烧杯放在加热盘上。将石蜡放在小烧杯中，然后用烧杯钳将小烧杯放在大烧杯内，再将大烧杯加热。小烧杯要一直置于大烧杯内直到石蜡融化。

5. 在每个有标签的杯中都倒一点石蜡。

6. 用牙签或吸管将纤维样本浸没在熔化的石蜡中。

7. 让石蜡冷却几分钟。

8. 冷却后将石蜡从A杯中取出。用解剖刀或剃刀将石蜡切成薄片，请确保每片中都含有纤维。注意石蜡片要薄到透明的程度。

9. 把含有纤维的石蜡薄片放在载玻片上。请小心地把载玻片放在载物台上。先用低倍镜观察，再使用中倍镜。

10. 请将载玻片调整到能看到纤维横断面的位置。在你的实验记录本上画出横断面的形状。

11. 对其他杯中的纤维和石蜡重复步骤8—10。

12. 将"犯罪现场"的纤维分别与纤维样本"A""B""C""D"和"E"比较，请辨别哪种纤维与犯罪现场的纤维相同。

分 析

1. 为什么纤维可以作为犯罪证据？

2. 是不是所有纤维的形状都相同？为什么？

3. 法医专家一般并不关心羊毛纤维或棉纤维的横断面，为什么？

4. 你发现犯罪现场的纤维与5个样本纤维中的哪个相匹配了吗？如果有，是哪一个？

5. 为什么对纤维横断面的观察有利于调查的开展呢？

实验中将会发生什么？

人造纤维的形状取决于制造它们时所使用的机器。制造纤维时，起初要使用融化的聚合物，这种聚合物含有由较小的基团构成的长分子链。当液体聚合物通过狭窄的管子或喷丝头后将其风干就形成了纤维（参见图1）。涤纶、人造丝、尼龙和醋酸纤维都属于人造纤维。

在法医学中,由于纤维的特点各不相同,因此往往可以将嫌疑人与受害者或犯罪现场链接起来。复合光能够微弱地显示出纤维表面的颜色、条纹及斑点。使用红外线光谱仪可以分析出纤维的化学成分。色谱法可以展现出用于纤维染色的颜料,而横断面分析可以显示纤维的形状。图 2 为我们展示了几种纤维的形状。圆形纤维横断面是最普遍的一种形状,因为圆形纤维最容易生产而且造价最低。用于生产绸布的纤维看起

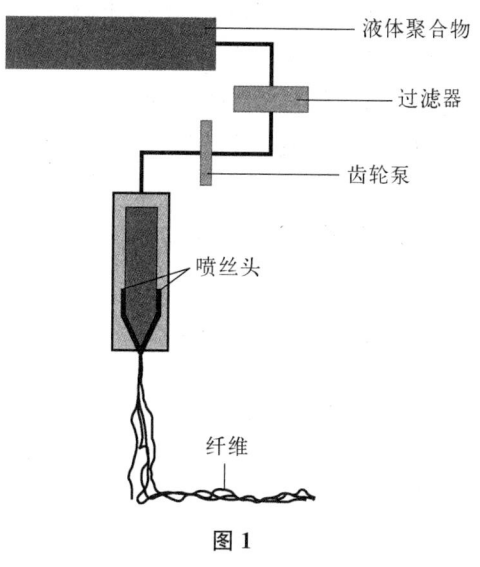

图 1

来好像是三叶状,因为这种纤维反光,而且它不易吸尘,所以用它生产的产品非常受欢迎。带状纤维扁平而高反射,因此用来制作织品中的暗花,而蝴蝶结形状的纤维有弹性,可以用来制造高弹制品。

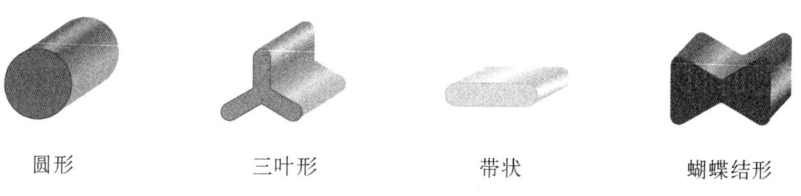

图 2　纤维的形状

与现实生活的联系

在美国俄亥俄州发生的一起年轻女士被谋杀的案件就是靠对纤维横断面的分析而得以侦破的。她的尸体被遗弃到距她家 48 千米的郊外。在犯罪现场,调查人员在她的头发中发现了一些橙色纤维。分析表明这些纤维的颜色和形状都非比寻常。调查人员发现这种纤维与一名 8 个月前被谋杀的女孩身上的纤维相同。这一证据非常重要,但是却没能直接指向犯罪嫌疑人。

谋杀案发生几个月后,一名年轻妇女从绑匪手中逃脱后跑到警局报案。她描述了袭击者和他的面包车。她说面包车后面有一个旧的橙色地毯。调查人员

找到了这个男人,检查了他的面包车并提取了一些地毯样本。地毯纤维的颜色形状与之前两位遇害者身上的纤维完全吻合。尽管这种地毯在美国批量生产,但是只有规格为 68.5 米的地毯被销往了俄亥俄州。由于这种地毯比较稀有,因此使面包车司机与谋杀案产生了强烈的关联性,也使凶手最终获罪。

想要了解更多吗?

参见附录中"我们的发现"。

附 录

实验环境的设置

本书中的实验都是根据实验时所使用的材料和设备进行分类的,分类如下:

- "学校实验"标题下的实验,使用的设备和材料都只能在实验室中找到。同时,标有"学校实验"的实验也必须在实验室中进行。
- "家庭实验"标题下的实验所使用的材料都是家中常备或日常使用的东西。这些实验只需要在有成人监督的情况下在家中进行。
- 分类在"户外实验"下的实验,既可以在学校进行也可以在家中进行,只需要有成人监督即可。

学校实验

实验 2　几种碳水化合物的特性
实验 6　利用胶体电泳技术进行 DNA 指纹鉴定
实验 9　体液的比重
实验 11　玻璃的密度
实验 12　通过发射光谱鉴别化学元素
实验 13　潜在指纹呈现技术的比较
实验 14　色谱分析法的最佳溶剂
实验 16　两种血液推定测试的比较
实验 17　餐具所导致的铅中毒

实验 18　微量物证——闪粉
实验 20　纺织纤维的横断面

家庭实验

实验 1　对香蕉做尸体解剖
实验 4　利用放射性同位素判定年代
实验 5　线粒体基因
实验 7　类证据的证据力
实验 8　血滴溅落调查
实验 10　土壤鉴别
实验 15　通过演绎推理揭示犯罪真相
实验 19　冷却的速度

户外实验

实验 3　制作鞋印模型的技术

我 们 的 发 现

实验 1　对香蕉做尸体解剖

课堂讨论建议：要求学生归纳"验尸"的定义。列出验尸的必要性。

教师建议：请在实验的前一天准备"香蕉受害者"，可以是简单的也可以精心一点儿，这取决于教师的教学风格。教师可以装扮一下香蕉，比如帮香蕉"穿外套"或者干脆让香蕉"裸体"。为了增加证据线索，教师可以在香蕉上沾些土、宠物毛发、草、尘埃或者其他物质。教师也许想让每个"香蕉受害者"的死因都不尽相同。可以制造头部创伤、刺伤或者内出血（用针头注射器往香蕉内部注射红烛油或者一点番茄酱）。教师可以充满创意，使实验课充满乐趣同时又能提供丰富知识。

注意提醒学生，有些实验步骤的指导语言可能不太写实。比如，"香蕉受害者"并没有肩骨或者耻骨联合，也没有头盖骨或者胃。然而这些与事实不符的描述不会对学生造成困扰，实验对他们来说仍然是有教育意义的。

分　析

1. 答案会有所不同，但是可以包括土壤、树叶、草或者尘土。
2. 微量物证能够暗示死者死亡时所在的位置，或者他死前到过哪里。
3. 答案会有所不同。
4. 比较有标志性的标记，比如伤疤、文身或者胎记都可以用来识别不明身份的遇害者。而其他的标记，比如刺伤能够显示是否曾有争斗发生过，确认死者的位置，甚至连遇害者习惯使用左手还是右手都可以查明。
5. 答案会有所不同。
6. 答案会有所不同。
7. 答案会有所不同。
8. 答案会有所不同。

实验2　几种碳水化合物的特性

课堂讨论建议：要求学生按自己的理解给出"碳水化合物"的定义。让他们列出一些碳水化合物的例子。

教师建议：你可以使用浓度为 0.125% 的碘溶液或浓度为 0.5% 的碘化钾溶液，也可以直接把碘化钾稀释液作为碘溶液使用。碳水化合物粉剂和淀粉酶溶液可以在化学药品商店买到。

分　析

1. 淀粉：紫色、蓝色或者黑色；纤维素：没有颜色变化；糖：没有颜色变化。
2. 淀粉。
3. 淀粉（以橙色沉淀物为证）。
4. 答案会有所不同，但是可以包括一些实验步骤。

实验3　制作鞋印模型的技术

课堂讨论建议：为什么调查人员可能需要收集鞋印，让学生给出原因。实验结束后回顾这些理由。

教师建议：上课之前请到户外一个土壤相对松软的地方制造一些鞋印，每个实验小组要使用两个鞋印。轮流地给每个实验组提供两个装有潮湿土壤的浅盘，使他们能够在教室中印下自己的鞋印。

分析

1. 鞋印可以将犯罪嫌疑人的鞋子与犯罪现场相联系，或者提供嫌疑人的身高和体重等相关信息。
2. 答案根据个人经验自拟。
3. 牙科用硬石膏；由于用力擦洗熟石膏会出现腐蚀和毁坏。
4. 牙科用硬石膏；由牙科用硬石膏构成的微粒比熟石膏更能反映细节。
5. 答案会有所不同。
6. 答案会有所不同。学生可能会说鞋印所反映的擦痕或磨损程度可以将鞋印与某双鞋子联系起来。
7. 答案会有所不同，但是应该包括图 3 中的内容。

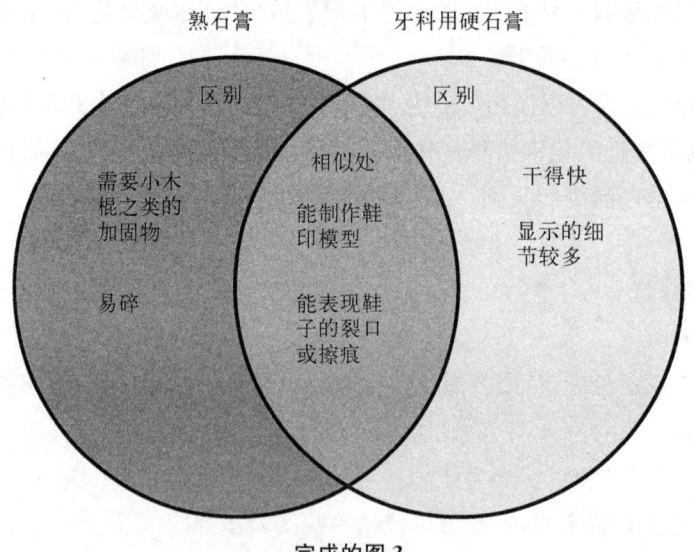

完成的图 3

实验 4　利用放射性同位素判定年代

课堂讨论建议：回顾同位素和放射性的概念。需要特别指出的是并非所有同位素都具有放射性。

分析

1. 曲线图是斜线。
2. 答案会有所不同。
3. 线变得太短了而不能再被剪断。
4. 没有。
5. 2.5 克。
6. 150 天。
7. 3.125 克。
8. 同位素本身就存在于生命体的骨骼上,但是随着生命的结束,这些同位素也会以固定的速度渐渐消失。科学家通过测定这种速度能够推算出死者死亡时间。

实验 5　线粒体基因

课堂讨论建议：很多学生可能都没有意识到线粒体(还有植物中的叶绿体)包含着他们自己的遗传基因。真核进化论中的内共生理论认为,细菌寄主细胞可能会被另一个细菌细胞浸没(或者被侵入),然后创造一个适合两者共生的环境。请给学生解释这一理论。线粒体和叶绿素可能都是从寄主细胞的早期寄生细胞发展而来的。

分析

1. ① 相同;② 相同;③ 相同;④ 不同。
2. TACTACCCCAAAGGATACGATTCC。
3. 答案会有所不同,但是可以包括她的父亲的兄弟或者她祖父的兄弟。
4. ① 妈妈;② 所有 3 个孩子;③ 线粒体基因。
5. 请参见完成的图 3。
6. 否,精子尽管没有与卵子结合也仍然会承载着遗传基因。
7. 请参见完成的图 4。

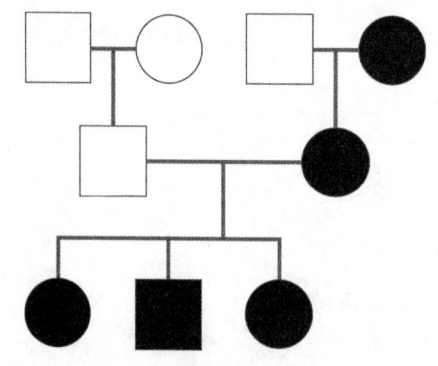

完成的图 3

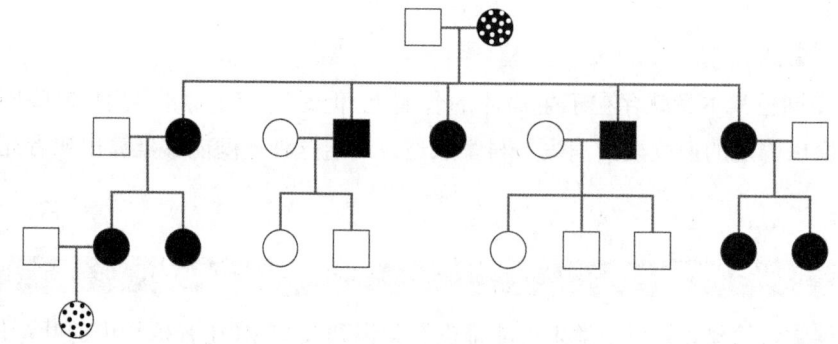

完成的图 4

实验 6 利用胶体电泳技术进行 DNA 指纹鉴定

课堂讨论建议：让学生说说他们对 DNA 指纹鉴定都有哪些认识，他们是通过哪些方式了解的。将他们的说法列在黑板上，等实验结束后一起回顾，看看是否还要增加更多的内容。

教师建议：可以在化学用品商店购买规格标准并经过染色的噬菌体脱氧核糖核酸，或者含有 DNA 的整套装置、原料以及琼脂糖胶。如果你想让 DNA 在凝胶上可见，那么请你用亚甲蓝染色。

分 析

1. 凝胶电泳使脱氧核糖核酸的基础顺序分析成为可能。
2. 梳子留下的小洞可以使 DNA 样本被注入其中。

3. 电流产生的电荷吸引 DNA 样本并使其通过胶质。

4. 小的 DNA 样片通过胶质的速度要比大的样片速度快。

5. 图 5 中 DNA 指纹样本并不是完全一样，它们来自不同个体。

6. 答案会有所不同，但是学生应该描述散落在胶质上的 DNA 带。

7. DNA 指纹样本是由 DNA 经过琼脂凝胶分离后所产生的带状物。

8. 由于每个人的指纹都不同，所以来自犯罪现场的指纹可以与嫌疑犯的指纹相对比。

9. ① 否；② 否；③ 否；④ 是。解析：有相同 DNA 的两个人只能是同卵双胞胎。

10. 答案会有所不同。但是大概应该按照以下顺序：准备凝胶电泳——将酶注入 DNA 中——连接电源——使 DNA 在胶质上分离——切断电源——分析带状物。

实验 7　类证据的证据力

课堂讨论建议：向学生提出这样的问题：为什么有些证据样本比其他的证据更加有价值？引导学生进行讨论，使学生明白并不是所有的证据都能使嫌疑人与犯罪现场或者嫌疑人与受害者相联系。

分　析

1. 25%。

2. 53。

3. 你需要知道城中女司机的数量和蓝色吉普车的数量。

4. 类证据是与某一团体相联系的；而个体证据只与某个特殊来源相联系。

5. 请参见下面完成的数据表 2。

6. 通过了解证据力，我们能够判断证据的有用性。

7. 个体证据的来源是唯一的。

8. 很多类证据的样本都具有很高的证据力。

完成的数据表 2

证　据	个体证据还是类证据	原　因
DNA	个体证据	只来自一个人
指　纹	个体证据	只来自一个人

续 表

证　据	个体证据还是类证据	原　因
纸　屑	类证据	纸的来源很多
冬季用的手套一副	类证据	手套的来源很多
手　铐	类证据	手铐的来源很多

实验8　血滴溅落调查

课堂讨论建议：让学生给出血迹的定义，并且讨论其在案件调查中的重要性。

分　析

1. 血迹帮助调查人员分析犯罪现场、死者的位置、死者受伤的类型和行凶者的动作。

2. 靶面也会影响血液滴溅的痕迹。

3. 答案会有所不同，但是应该包括血液滴下的高度以及血滴与靶面接触的角度。

4. 答案会有所不同。

5. 答案会有所不同，但是应该包括测试血滴下落的高度、血滴与靶面接触的角度、血滴下落的速度等影响血迹形状的实验。

6. 边缘规则的血滴(A)落在了光滑的地板上；边缘不规则的血滴(B)溅落在了瓦片上。光滑靶面使液体发生散射的表面积小。

实验9　体液的比重

课堂讨论建议：请给出这样的问题：1 000克羽毛和1 000克铅相比哪个更重？从而使学生回顾"质量"和"密度"的概念。介绍比重的概念。

教师建议：为了让学生分析方便，请准备两个血液样本和两个尿样。血液样本可以是牛血或者是其他看起来像血的物质，比如稀释的碘液。在2号血液样本中放几匙盐，使这个样本的密度比其他样本高。

在水中加几滴黄色食用色素来制作尿样，在2号尿样中加几匙盐。

让学生将课前准备的大烧杯中的液体倒出20毫升。

分 析

1. 密度是指每单位体积的质量。
2. 不,密度是不变的。
3. 答案会有所不同。
4. 比重是物质的密度与水的密度的比值。
5. 1号血液样本比2号血液样本的比重低,而且被水稀释了。
6. 2号尿样比1号尿样的比重大,而且很可能含有某种蛋白质和矿物质。

实验10 土壤鉴别

课堂讨论建议:让学生说出"土壤"的定义,并且列举可能在土壤中找到的物质。

教师建议:

用相同的土壤做样本B和犯罪现场的样本。在实验的前一天收集3种不同的土壤。每班有30名学生,每种样本需要8杯。

分 析

1. 2号土壤样本。
2. 答案会有所不同,但是应包括颜色和有机物的数量。
3. 筛子的网眼大小不同。
4. 答案会有所不同。死者身上发现的土壤与枪击现场的土壤并不一样,说明死者曾经被移动过。
5. 砖的残渣使土壤变得特殊,同时也使调查人员锁定了土壤的来源。
6. ① 33%;② 沙滩;③ 专家可能是在找土壤中某种特殊的物质,这种物质来自某个地方。

实验11 玻璃的密度

课堂讨论建议:让学生思考并列举一些由玻璃制成或者含有玻璃成分的物质,讨论玻璃在这些物质中的用途。

教师建议：可以使用来源各不相同的玻璃片，比如烧杯、试管、电灯泡、头灯或者含铅玻璃。提醒学生在使用玻璃做实验时要小心，不要用手直接取玻璃片，而应使用镊子。

分 析

1. 糖加入水中后，由于水分子包围住了糖分子，使溶液的密度变大了。糖比水的密度要大一些。

2. 答案会有所不同。答案取决于所提供样本的种类。

3. 答案可能包括一次性或者比较便宜的玻璃制品，或者是所需要的玻璃比一般的玻璃要轻薄的情况，比如珠宝或者是艺术品。

4. 答案可能包括经过高压或高温工艺的玻璃。由于含铅，所有的水晶都是质地比较密实的玻璃。

5. 不，密度仅仅取决于物质的质量和体积。密度是一种恒定的物理特点。

6. 答案会有所不同，但是应该提到，不同的玻璃有不同的密度，这可以让我们识别玻璃样本的来源，这是非常重要的。

实验 12　通过发射光谱鉴别化学元素

课堂讨论建议：请向学生展示棱镜是如何将光线折射出其各个组成色的。请向学生解释为什么光可以用来辨别化学物质。

教师建议：请向学生提供 10 种溶液，其中有 5 种是未知的。这些溶液需要含有一或两种金属物质，而且含有非常不易反应的阴离子，比如像氯化物或者硝酸盐。

分 析

1. 答案根据所使用的化学物质有所不同。

2. 燃烧的煤气喷灯是能量的来源。

3. 能量要能够使电子转换成活跃的状态。

4. 答案会有所不同，但是应该包括污染、色盲，或是将化学药品的颜色与棉签或薄木片燃烧的颜色相混淆的情况。

5. 答案会有所不同。

实验 13　潜在指纹呈现技术的比较

课堂讨论建议：让学生给出他们自己理解的指纹的定义。向学生指出，教室中的很多东西上都留有指纹，但是我们却看不到。让学生提出几种能使指纹现形的方法。

分　析

1. 答案会有所不同。指纹可能很容易见到，并呈现紫色。
2. 答案会有所不同。指纹可能比较容易看到，并呈现白色。
3. 答案会有所不同。超能胶和碘熏法都推荐在无孔或者是少孔的表面上使用。请参见完成的数据表。
4. 碘的印迹容易消失。
5. 答案根据学生的实验结果有所不同。

完成的数据表

材　料	碘熏法	超能胶烟熏法
瓦片	答案会有所不同。	答案会有所不同。
玻璃片	答案会有所不同。	答案会有所不同。
塑料片	答案会有所不同。	答案会有所不同。
纸片	答案会有所不同。	答案会有所不同。
木头片	答案会有所不同。	答案会有所不同。

实验 14　色谱分析法的最佳溶剂

课堂讨论建议：请给学生提供这样的情节：你是一名调查人员。在你调查的案件中，你唯一掌握的证据就是一个留有作案者笔迹的笔记本。从这个证据中，调查人员能得到怎样的线索。引导学生得出这样的结论：墨的组成成分有助于人们分析留下该字迹的笔是哪一种笔。

分 析

1. 答案根据所使用的笔有所不同。
2. 水、乙醇、异丙醇、洗甲水、松节油。
3. 永固油墨笔不会在水中溶解。
4. 较轻的颜色将会在纸条上跑得更远,因为它的分子体积最小,重量最轻。
5. 不同的质量和大小。较小的分子在纸片上跑得比较快,较重的分子跑得比较慢。

实验15　通过演绎推理揭示犯罪真相

课堂讨论建议：让学生给出一些例子说明在什么场合下他们会使用演绎推理法来解决问题。

分 析

1. 瑞恩。
2. 答案会有所不同。
3. 盖瑞、玛丽和南希。
4. 瑞恩认为乔在网球练习和比赛中调戏他的妻子。盖瑞生气是因为他昂贵的新球拍在乔给他编织网线后断裂了。弗瑞德的女儿与乔约会,但是弗瑞德认为乔的年纪比女儿大太多。玛丽生气是因为她没有得到上场比赛的机会,而且乔拒绝与她约会。南希生气是因为她从没有上场比赛,而且乔把她降为替补。大卫曾经在锦标赛的时候受到了乔的侮辱。杰夫认为乔调戏了他的妻子。
5. 古龙水的味道。
6. 不,因为证据要依情况而定。
7. 在演绎推理法中,人们要根据已有的线索运用批判和逻辑思维来推理结论。

实验16　两种血液推定测试的比较

课堂讨论建议：问问学生他们是否曾经看过情节中有大量血迹的电影。让一两个学生说说,他们对血迹有什么认识。向学生指出很多物质都与血液相似。

教师建议：将旧 T 恤剪成小方块做成棉布片。准备 4 种未知污渍，将每块棉布都沾上番茄酱、甜菜汁、铁锈或者红油漆。你也可以用番茄汁和红色的食物色素来做替代。不要在棉布上标标签，因为对于学生来说它是未知的。将两块以上的棉布片沾上牛血，并且标明。

买一瓶已经配制好的酚酞溶液或者在实验之前准备。将 2 克酚酞粉末、20 克氢氧化钾（注意强碱具有腐蚀性）与 100 毫升的水充分混合。加入 20 克锌粉。将溶液放置 48 小时直到溶液变成无色。将溶剂储存到棕色瓶中，或者用箔片把瓶子包裹住。

分析

1. 调查人员需要将重要的血迹与不重要的和偶然发现的血迹分开，犯罪现场的血迹表明现场有人受伤或者曾经发生过情节严重的犯罪行为。

2. 冒泡。

3. 生成粉色。

4. 过氧化氢酶是一种酶，这种酶能够将过氧化氢分解成水和氧气。

5. 很多生物经过新陈代谢会产生过氧化氢和过氧化氢酶，而这种酶就可以分解过氧化氢。

6. 答案会有所不同。过氧化氢实验很容易操作，但是酚酞溶液做实验更加准确。

实验 17　餐具所导致的铅中毒

课堂讨论建议：询问学生对于铅和其他的重金属了解多少。如果可能的话，在元素周期表中指出哪些是重金属，并且讨论它们的化学和物理性质。

教师建议：收集一些带有装饰图案并且不能用来盛放食物的盘子。这些盘子中很可能含有铅。

分析

1. 答案会有所不同。

2. 醋可以将铅离子从原子中分离出来。

3. 周围环境中有很多铅的来源，这些铅很可能会在你的指尖留下痕迹。

4. 污染可能会引起实验错误，使实验结果误以为餐具中含有铅。

5. 很多健康问题都可能包括其中，比如神经功能紊乱、生殖问题，还有消化系统的紊乱。

实验18　微量物证——闪粉

课堂讨论建议：让学生列出在犯罪现场可能会找到的对调查人员的调查有帮助的物品。如果他们没有列出闪粉，那么请向他们介绍一下，并问问他们觉得闪粉是否会有用呢。

教师建议：请准备几种来源不同的闪粉。

分　析

1. 在犯罪现场能够发现的微小物质，比如头发、纤维和泥土等。

2. 答案会有所不同。闪粉几乎是不可见的，容易被带走而且很容易收集。虽然并不是每片闪粉都独一无二，但是闪粉有不同的种类，这就使调查人员容易将犯罪现场的闪粉分辨出来。

3. 答案会有所不同，但是应该包括化学实验和色彩分析。

4. 答案会有所不同，由于闪粉并不是全都相同，所以在一些案件中，闪粉可以把犯罪嫌疑人与犯罪现场联系起来。

实验19　冷却的速度

课堂讨论建议：组织学生讨论正常的身体体温是多少，让学生推测一下死后的遗体温度是怎样变化的。

分　析

1. 答案会有所不同。体格较小的身体冷却的速度较快，因为它每单位体积的表面积相对较大。

2. 答案会有所不同。在水中身体的冷却速度较快，因为水是热的优良导体。

3. 答案会有所不同。衣物有保温的作用，使冷却的速度变慢。

4. 答案会有所不同。风能将身体的温度带走，使冷却加速。

5. 答案会有所不同。

实验20　纺织纤维的横断面

课堂讨论建议：讨论横断面和纵断面的概念。

教师建议：请使用人造纤维让学生观察横断面的不同形状。提醒学生在准备载玻片的时候，石蜡片一定要薄。并不是所有载玻片上的纤维都能够很好地展示横断面的形态，但是有一些是可以的。鼓励学生观察所有载玻片上的纤维。未知纤维中有一种纤维与"犯罪现场"发现的纤维是相同的。

分　析

1. 纤维都是很细小的，而且容易从一个人身上转移到另一个人的身上。

2. 答案会有所不同。纤维的形状可能是多种多样的，这取决于它们的原料。

3. 毛和棉都属于自然纤维，它们的形状基本都是一样的，因此没有特殊性，其来源不能作为追查案件的线索。

4. 答案根据实验结果有所不同。

5. 横断面的形状可以分辨纤维的种类，因此可以作为证据将两个人在某种程度上联系起来。